礼仪训练
仅需10天

王长江 著

SOCIAL ETIQUETTE
TRAINING
ONLY 10 DAYS
速成自学教程

吉林出版集团股份有限公司

图书在版编目（CIP）数据

礼仪训练仅需10天 / 王长江著. -- 长春 : 吉林出版集团股份有限公司, 2017.8 (2024.1重印)

ISBN 978-7-5581-3142-4

Ⅰ.①礼… Ⅱ.①王… Ⅲ. ①礼仪－通俗读物 Ⅳ. ①K891.26-49

中国版本图书馆CIP数据核字（2017）第211808号

礼仪训练仅需10天

LIYI XUNLIAN JINXU 10 TIAN

作　　者：王长江
责任编辑：何　武　杨　帆
封面设计：苏　涛
开　　本：787×1092　1/16
字　　数：240千字
印　　张：14
版　　次：2018年1月第1版
印　　次：2024年1月第3次印刷
出　　版：吉林出版集团股份有限公司
发　　行：吉林音像出版社有限责任公司
地　　址：长春市泰来街1825号
邮　　编：130062
电　　话：0431-86012906
发 行 科：0431-86012770
印　　制　三河市金元印装有限公司

ISBN 978-7-5581-3142-4　　定价　35.00元

前言

每天，我们都要和各种各样的人打交道，而优雅的行为举止，得体的仪态和语言，真挚的情感和规范的礼仪，是构建人与人之间沟通交流的桥梁。

与人初次见面，如何握手给人留下好的印象，该如何介绍自己，如何介绍别人，如何礼貌地与陌生人交流。

见到自己不喜欢的人，就要绷着脸、转过头，一声不吭地走开吗？这不仅显得你没素质，也会影响到你和其他人的关系。

参加朋友婚礼、第一天上班，或者第一次拜见重要的人，穿什么衣服才显得着装得体礼貌？

公共场合，东西掉地上了，穿着裙子的女人难道就那样不管不顾弯腰撅臀地去拾？这样做一定会引得路人侧目。在家里的沙发上，你想怎么坐都可以，窝着、蜷着、脚放到前面的桌子上，再不雅，也没人注意，但在公共场合，可千万不可如此随便，否则你的形象将毁于一旦。

领导面前，即便是提建议，也要悠着点。别不管三七二十一，不满的话说一箩筐，对方失了面子，你的日子也不一定会好过。

同事，既无法成为亲密的朋友，又不是全然毫无关系的陌路人。距离该如何把握，才不至于让身上的刺伤到对方？

客户是上帝，对方来公司考察，公司派车去接，应该让客人坐在哪个位置才最合适？接到客户后，喝茶倒水的细节你知道吗？准备去拜访客户之前，要做哪些准备？

此外，还有许多要注意的地方：言谈礼仪，电话礼仪，朋友之间的礼仪，求人办事的礼仪，拒绝的礼仪……古人云：“世事洞明皆学问，人情练达即文章。”掌握必要的交际礼仪，可以提升你的魅力形象，让你获得更多人的尊重、喜欢和赏识，做起事来事半功倍。

我们每个人就像是社会舞台上的演员，既要演好自己的戏，又要和其他角色相互配合演好戏，因此交际礼仪就成了这个舞台上最为豪华的幕布，为我们上演好剧目而添光加彩。它可以使陌生人相识乃至于相知，也使相识相知的人更进一步地加深情谊。

本书不仅向您介绍了仪表修饰、着装规范、礼貌用语等现代服务的“形式之美”，而且还强调了职业道德、服务意识、心态调整等现代服务的“内涵之美”。期待读者朋友将这些礼仪规范应用到自己的生活中，借其构建一个良好的人际关系。

目 录

Contents

前言 / 001

第一天

首因效应，不能忽视的社交第一印象

1. 介绍他人时容易犯哪些错 / 002
2. 何时做自我介绍，怎么做 / 003
3. 不要蜻蜓点水式地握手 / 005
4. 面试，礼仪细节决定成败 / 007
5. 初次见面，别让你的眼神出卖你 / 010
6. 巧妙寒暄，拉近你与陌生人之间的距离 / 012
7. 看了这篇，你就知道西装穿着和搭配了 / 014
8. 遵循着装的“TPO”原则和“三色”原则 / 017
9. 面试着装，别太正式也不可太随便 / 019
10. 参加婚礼穿什么好 / 021
11. 上班第一天的穿衣宝典 / 023
12. 关于内衣那点事 / 025
13. 学几招得体的搭配技巧 / 027

第二天

语气表情，获得对方好感的关键因素

1. 你说话的表情和语气决定别人对你的好感度 / 031
2. 不要一脸冷漠的样子 / 033
3. 和对方保持情绪相近度 / 035
4. 对别人的谈话不可表现出不耐烦 / 037
5. 让微笑成为一种习惯 / 038
6. 没有什么比冷漠的语气更令人失望 / 041
7. 语气傲慢，让人厌恶 / 042
8. 永远不要把冷嘲热讽的口吻带出来 / 044
9. 与地位不如自己的人说话，要充分表现你的尊重 / 046

第三天

公共场合，控制好自己的一举一动

1. 要坐有坐相 / 050
2. 站姿礼仪，给男生、女生不同的建议 / 052
3. 众目睽睽之下，女人不可低头撅臀去拾东西 / 054
4. 遇到熟人，要主动打招呼 / 055
5. 洗手间里也要讲究礼仪 / 056
6. 别旁若无人地化妆 / 058
7. 乘坐轿车的礼仪 / 061
8. 上下电梯，不要成为拦路人 / 063

第四天

注重细节，不可不知的12种沟通礼仪

1. 常使用礼貌用语 / 066
2. 问候的话要因人而异 / 068
3. 永远不要信口开河 / 069
4. 知道的不用全说，但是一定不要说假话 / 071
5. 不要把抱怨挂在嘴边 / 073
6. 赞美也要审时度势 / 075
7. 拨打电话前应做哪些准备 / 077
8. 对方能“看到”你打电话时的表情 / 079
9. 要事急事，请拨打座机 / 082
10. 管好你的手机铃声，别制造噪音 / 084
11. 能替别人接听电话吗 / 086
12. 祝福短信不忘署名，善意才不会被浪费 / 088

第五天

职场礼仪，提升你在办公室中的形象指数

1. 恰到好处地向领导请示工作 / 091
2. 对上司有不满怎么说 / 093
3. 上司的批评再不英明，也不要当面反驳 / 094
4. 与上司有不同意见时，讲道理摆事实要悠着点 / 096
5. 换位思考，分角度看问题 / 098
6. 谨言，才不会失言 / 100
7. 和同事保持有效距离 / 103
8. 与同事分享无关紧要的秘密 / 105
9. 不轻易向同事借钱，也不轻易借钱给同事 / 106
10. 开玩笑不能过分 / 108
11. 和同事意见有分歧，辩论和争吵要讲方式方法 / 110
12. 同事面前忌过分表现 / 112

第六天

接待拜访，有礼、有度、有分寸地对待客户

1. 不要让客人使用一次性杯子喝茶 / 116
2. 了解一些接待外国客户的禁忌 / 118
3. 拜访之前要提前预约 / 120
4. 做好拜访前的准备工作 / 122
5. 稍事寒暄，尽快切入正题 / 124
6. 笑脸相迎还要笑脸相送，结尾和开头一样重要 / 125

第七天

商务谈判，良好的礼仪决定谈判的结果

1. 重视寒暄和问候，不要一开始就直奔谈判主题 / 128
2. 懂得倾听，是谈判最基本的礼仪 / 130
3. 如何插话才不会引起反感 / 133
4. 讨价还价的目的是双赢，而不是吵架 / 135
5. 要注意身体语言的作用 / 138
6. 拒绝，别直接说不 / 142
7. 签约仪式上的礼仪 / 146

第八天

涉外礼仪，不卑不亢真我表现

1. 一定要维护民族的形象 / 151
2. 不卑不亢，展现自我 / 153
3. 入乡随俗，到什么山唱什么歌 / 155
4. 真诚守信在任何时候都要坚守 / 157
5. 尊重对方的隐私，是交往的关键 / 159
6. 女士优先，显示绅士风度 / 161
7. 爱护环境是每一个人的职责 / 164
8. 以右为尊的规则不能忘记 / 165

第九天

恋爱礼仪，约会有礼浓情蜜意

1. 如果你不够漂亮，那就展示出迷人个性 / 168
2. 距离多远最合适 / 170
3. 约会，男孩万万不可迟到 / 172
4. 女孩不必太主动、太热情 / 173
5. 切勿两手空空赶赴约会 / 176
6. 约会，给女孩子留下一个完美印象 / 177
7. 初次去女方家拜访 / 179

第十天

如何说话对方才愿意听，怎样拒绝对方但又不得罪人

1. 求朋友办事，说话也要客气 / 182
2. 如何安慰生病的朋友 / 184
3. “关心”过度也会造成伤害 / 186
4. 永远不要打断别人说话，哪怕对方是你的知己 / 188
5. 批评是破坏婚姻的毒药 / 190
6. 别把父母当“老妈子”使唤 / 192
7. 再熟也不要随便翻看对方的手机、邮件 / 194
8. 拒绝的话不要太快说出口 / 197
9. 在幽默诙谐中轻松说NO / 199
10. 诚恳说出你拒绝的原因 / 201
11. 拒绝的话不说满，给自己留后路 / 203
12. 该拒绝时就拒绝，客套话也得有个度 / 205
13. 面对你不爱的人的追求，善用拒绝不伤害 / 207
14. 高明拒绝上司的艺术 / 209
15. 推辞也要打一手好“太极” / 211

第一天

礼仪训练仅需10天

首因效应，不能忽视的社交第一印象

1. 介绍他人时容易犯哪些错

礼仪是门学问，更是门交往的艺术。

——礼仪专家、中国人民大学教授：金正昆

相互介绍是人们在社会活动中开始相互认识的一种常见形式。很多时候，我们所认识的人都是通过他人的介绍认识的，当然我们很多时候也会充当介绍人。

比如，你带了自己的恋人回家见父母、带了新朋友参加老朋友的聚会。见面该怎么介绍？按什么顺序介绍？万一没留神颠倒了介绍顺序，或者说错了对方的信息，必然会惹得其中一方或双方不高兴。

王光在家里办了一个小型的聚会，他把几个自己要好的朋友请了过来。这些朋友中，有的是互相认识的，有的是不认识的，王光作为主人，充当起介绍人的角色。但是，他在介绍客人的时候却犯了一个大错误，这导致他的介绍没有任何效果，还影响了大家参加聚会的心情，闹了个费力不讨好。

王光起初认为这些人都是自己的好朋友，没有什么好计较的，于是在介绍的时候，他这样说："这是我的发小章小柱，这是我的大学同学孟凡。"他的介绍既没有使用尊称，也没有说明对方的头衔，根本不足以给被介绍的双方留下印象，而且没有让大家之间有充分的了解，因此大家一直都比较拘谨，草草地敷衍几句，吃了几口饭就都告辞了。

介绍是社交的一项重要内容，所以介绍也有相应的礼仪规矩，我们只有掌握了这些礼仪规矩，才不至于在做介绍的时候犯错。

（1）为他人做介绍时必须遵守“尊者优先”的规则

比如说，我们邀请很多人到家里来，但是这些人之间互相并不认识，这个时候，主人就要充当介绍人的角色了。在介绍的时候，不能一窝蜂地胡乱介绍。如果有地位上的差别，那就把地位低的人介绍给地位高的人；如果大家地位相当，那就把年轻的介绍给年长的；如果双方年龄、职务相当，则把男士介绍给女士。

（2）注意使用尊称

无论你与被介绍者的关系如何，都必须使用尊称，因为这是社交场合，是把一个人介绍给另外一个人，必须体现出对双方的尊重。“先生”是对成年男性的尊称，“女士”是对已婚妇女的尊称，“小姐”是对未婚女子的尊称。适当的时候我们可以不用这些尊称，直接用他们的“头衔”，这就需要介绍人事先详细地了解每一个人的信息。

（3）介绍者为被介绍者做介绍之前，一定要先征求一下被介绍双方的意见

在某种场合下，虽然看起来需要我们介绍，但是我们也不能自作主张。在介绍之前，我们一定要询问被介绍者的意愿，这是给被介绍者打个招呼，让他有一个准备。如果我们不询问他的意见，开口就进行介绍，会显得很唐突，也会让双方措手不及。

2. 何时做自我介绍，怎么做

正确的介绍是缩短人与人之间距离的有效方式。

——礼仪界名言

现代人的生存发展离不开与他人的交流和沟通，而自我介绍在交流和沟通的过程中发挥着重要的作用。自我介绍不仅可以扩大自己的交际圈，广交朋友，而且有助于自我展示、自我宣传。所谓“自我介绍”就是将自己的相关信息介绍给他人，以取得他人的认可。然而并非每一个自我介绍都能取得预期的效果，原因就在于有些人在做自我介绍的时候忽略了礼仪，从而造成了他人的不快。

自我介绍并非简单地将自己的信息介绍给他人就可以了，自我介绍给人留下的是第一印象，如果自我介绍做得不好，那么就很难与他人建立起良好的关系。因此，我们必须注意第一次见面时自我介绍中的各种礼仪。

自我介绍有几种固定的形式，适合于不同的场合，这些固有的模式一般都是可以被人接受的。

工作式：适用于工作场合，包括本人姓名、供职单位及部门、职务或从事的具体工作等。如：“您好，我叫周杰，是某公司的部门经理。”“我叫梅雪，在北京大学念书。”

应酬式：适用于某些公共场合和一般性的社交场合，这种自我介绍最为简洁，往往只包括姓名一项即可。“您好，我叫李海波。”“您好，我是李永爵。”

交流式：适用于社交活动中，希望与交往对象进一步交流与沟通。它大体应包括介绍者的姓名、工作、籍贯、学历、兴趣及与交往对象的某些熟人的关系。如：“您好，我叫邓雨刚，在一家网络公司工作。我是王豪的同学，都是上海人。”

问答式：适用于应试、应聘和公务交往。问答式的自我介绍，应该是有问必答，问什么就答什么。

礼仪式：适用于讲座、报告、演出、庆典、仪式等一些正规而隆重的场合。包括姓名、单位、职务等，同时还应加入一些适当的谦辞、敬辞。如：“各位来宾，大家好！我叫刘文博，是某学校的学生。我代表学校全体学生欢迎大家光临我校，希望大家……”

无论是哪一种自我介绍，都有需要注意的问题，这些问题如果处理不好，将会给自我介绍的成功带来不利的影响。

（1）注意自我介绍的方法

自我介绍用于想认识某个人而又无人引荐的时候，如果有介绍人在场，我们则不必进行自我介绍，否则是对介绍人的不尊重。同时，在进行自我介绍之前必须征求对方的同意，如果对方并不乐意听我们的自我介绍，我们也没有必要自讨没趣。

（2）注意自我介绍的态度

自我介绍源于我们想认识某个人，但是我们不能因此而手足无措，导致在自我介绍的时候仪态出现问题。自我介绍的时候要表现得落落大方，既不能唯唯诺诺，又不能轻浮夸张，只有这样才显得自然、友善、亲切、随和，才能让对方产生好感。

（3）注意自我介绍的时间

自我介绍是简单的介绍，只要能够把自己重要的信息说出来就足够了，不能长篇大论，通常以半分钟左右为佳，不宜超过一分钟。如果自我介绍冗长，难免会有啰唆之嫌，很容易造成对方的反感。

（4）注意自我介绍的内容

自我介绍的内容包括三项基本要素：本人的姓名、供职的单位以及具体部门、担任的职务和所从事的具体工作。这三项要素，在自我介绍时，应一气连续报出，这样既有助于给人以完整的印象，又可以节省时间，不说废话，要真实诚恳，实事求是，不可自吹自擂，夸大其词。

3. 不要蜻蜓点水式地握手

大方是一种美德，既展示出最好的自己，又赢得别人的青睐。

——佚名

握手是人际交往中的一个重要部分，这个简单的动作蕴含着丰富的内涵，握手向对方传达的是一种友好、一种真诚、一种信任和一种尊重。然而，如果我们无法很好地把握握手的时间和力度的话，那么给人传达的就是种种负面的信息，比如蔑视、不信任和反感等。所以，在人际交往中，我们一定要学会握手。

蜻蜓点水式的握手是最不受欢迎的握手方式之一，所谓“蜻蜓点水式握手”就是指时间很短和力度很轻的握手。这种握手会让对方认为你是在藐视他、看不起他，不愿意和他握手。即使我们并非如此，这种握手方式也会给人留下这样的印象。所以，在与他人握手的时候，我们一定要注意不能蜻蜓点水。

蜻蜓点水式的握手之所以会出现，大多是因为握手者的不自信。不自信导致他们无法准确把握对方是否真的想跟自己握手，从而错失良机，当对方把手收回的时候，他才意识到，结果导致两人的握手蜻蜓点水。所以，要想杜绝蜻蜓点水式的握手出现在我们身上，就必须拥有绝对的自信。在人数众多的交际场合中，只有拥有自信，才能消除紧张感，从而从容地与每一个人进行友好的握手。

另一种出现蜻蜓点水式握手的场合是许多人同时向自己伸出手的时候，在这种时候，我们为了照顾所有人的情绪，往往快速地和每一个人握手，结果出现了蜻蜓点水式握手，导致了所有人的不快。事实上，在这种时候，我们不应该和任何一个人握手。当他们意识到他们同时伸出手的时候，必然会在一瞬间同时收回手，如果我们已经把手伸出去了，那么他们自然也就不好意思把手缩回去。这就势必造成蜻蜓点水式握手。所以，只要我们不伸手，他们必然会在瞬间收回，这样就可以重新进行握手。

蜻蜓点水式的握手要不得，过长时间的握手也不行，通常情况下，握手的时间要控制在3~5秒钟。

除了要避免蜻蜓点水式的握手，握手的时候还要注意以下事项：

不要用左手相握，尤其是和阿拉伯人、印度人打交道时要牢记，因为在他们看来左手是不洁的。

如与多人相握时，应分先后次序，不可交叉握手。

不要在握手时戴着手套或墨镜，只有女士在社交场合戴着薄纱手套握手，才是被允许的。

不要在握手时另外一只手插在衣袋里或拿着东西。

不要在握手时面无表情、不置一词或长篇大论、点头哈腰、过分客套。

不要在握手时仅仅握住对方的手指尖，好像有意与对方保持距离。正确的做法是握住整个手掌。即使对异性，也要这么做。

不要在握手时把对方的手拉过来、推过去，或者上下左右抖个没完。

不要拒绝和别人握手，即使有手疾，手上有汗或手脏，也要和对方说一下“对不起，我的手现在不方便”，以免造成不必要的误会。

握手时，年轻者对年长者、职务低者对职务高者都应稍稍欠身相握。有时为表示特别尊敬，可用双手迎握。

4. 面试，礼仪细节决定成败

形象如同天气一样，无论是好是坏，别人都能注意到，但却没人告诉你。

——英国形象专家：乔·米查尔

不管是对于刚毕业参加工作的学生也好，还是已经有了丰富工作经验的从业人员也罢，在初进公司面试时，都应该注意一些常规礼仪方面的细节性问题。通常情况下，应聘者给面试官的第一印象，就是你的仪表仪态，如果想要给自己的首次出场打上一个完美的满分，那么就请从你的礼仪细节开始抓起。

（1）服饰礼仪

一般情况下，面试者的外在形象，是给主考官的第一印象。因此，一定要注意自己的着装是否得体，是否能够掩盖住自身的缺陷。另外对一些就着装有严格规定的公司，应该按照该公司的规定着装。

一般来说，男士的着装相对女性来说比较简单，在春、秋、冬三季，男士最好着正装，统一为西服。夏天因为天气闷热，所以多以简洁的衬衫为主，但是切忌穿短袖衬衫或休闲衬衫，这样会给人一种不庄重的感觉。

西装的色调一定要以深素色为主，配套的衬衫应当以浅色为主，领带应选用丝质的，而图案则可以用单色的，只要能够和西装、衬衫相配即可。另外喜欢用领带夹的男士，应该将领带夹夹在衬衫第三和第四个扣子中间的位置。

男士的鞋袜应该以深色为主，皮鞋一般选用黑色，这样才能和西装搭调，而黑色也是百搭色和常用色系。

女士的面试比男士要复杂一些，服装应以简洁大方为主。通常情况下，职业套装是最简便的选择。另外如果配以裙子，裙子则不应过长，这样会显得累赘，但是也不能太短，最好能在膝盖下三厘米左右为佳。

衣服的色彩不能过于暗沉或者花哨，应该体现出青春、典雅的格调。春秋的套装可用花呢等较厚实的面料，夏季用真丝等轻薄的面料。衣服的质地不要太薄、太透，薄和透给人不踏实、不庄重的感觉。

另外女士的鞋袜样式繁多，而丝袜可以说是女性的第二层肌肤，丝袜的颜色应该以贴近皮肤的颜色为主，还要防止有拉丝或者破洞的情况发生，最好自带一双备用。女士的鞋子后跟不宜太高，颜色和套装的颜色一致。而随身携带的包，一定不要太大，款式可以多样，但是颜色也要贴合服装，这样才能成为整体。

（2）谈话礼仪

双眼学会注视

当进入面试场合和对方谈话时，双眼应该做到和对方平视，但有的时候为了避免尴尬，你的目光也可以放到对方的眼睛和眉毛之间的部位，因为这是对对方的尊重。

耳朵学会倾听

好的交谈是建立在“倾听”的基础上的。倾听是一种很重要的礼节。在面试过程中，主考官说的每一句话可能都非常重要，而且很多时候我们所要了解的公司的内容和职位的要点几乎都包含在这短短几分钟交谈内。所以，你一定要学会去倾听，记住对方说话的重点。

（3）语句清晰

我们和对方展开交谈时，语句一定要清晰，并且吐字一定要清楚。另外，语速不宜过快，也不能过慢，抓住主考官的语速前进，这样既能够让对方觉得我们字字珠玑，言语得体到位，又展现了自信。

（4）肢体动作礼仪

身体语言是指人的动作和举止，包括姿态、体态、手势和面部表情。在面试的时候，我们一定要注意自己的这些表情礼仪，要大方而庄重，以下就是我们需要注意的几处细节：一忌拖拉椅子声响太大；二忌坐姿斜跨行为不端；三忌唯唯诺诺、小肚鸡肠。

另外，当我们面试结束后，也要谨记一些礼仪，这些礼仪可以为我们来一个漂亮的结尾：礼貌地与主考官握手并致谢；轻声起立并将座椅轻轻推至原位置；出公司大门时对接待小姐表示感谢；24小时之内发出书面感谢信等。

你要明白，面试时最重要的是自信。只有当你把自信展露出来，你才可以完完全全胜出。当主考官看到你洋溢的微笑，得体的着装，沉稳的姿态，就会觉得你是一个踏踏实实，积极向上之人。这会为你的面试加分很多。

5. 初次见面，别让你的眼神出卖你

和蔼可亲的态度是你永远的介绍信。

——英国哲学家：弗朗西斯·培根

一些人在人际交往中，尤其是初次见面时，由于紧张害怕，会低头看地板或盯着对方的脚，要不就是“顾左右而言他”，这是很不礼貌的行为。谈话中不愿进行目光接触者，会让人觉得在企图掩饰什么或心中隐藏着什么事；眼神飘忽不定则显得精神上不稳定或性格上不诚实；如果不敢看对方，那是怯懦和缺乏自信心的表现，这些都会妨碍人际交往。

周末，秦少杰陪女友回家，这是他第一次正式拜见未来的岳父、岳母，心里难免紧张。但是凭着多年在外闯荡的经验，再加上事先已经和女友制定好战略了，对可能问到的一些情况，以及女友父母说话的方式都有了一定的了解，秦少杰很有把握通过这一关。

当他信心满满地踏进女友的家门时，女友父亲正在看球赛，女友母亲则围着围裙，热情地招呼他们。女友父亲礼貌地问了声好，同时放下手中的遥控器走到秦少杰面前，上下左右仔细打量起来，看完一遍又一遍。秦少杰什么也不敢说，坐也不是，站也不是，好不容易等女友父亲看完了，这才坐下来，然后接下来的谈话就像审问犯人似的，秦少杰一一回答。

晚饭结束之后，女友母亲闲下来也加入打量秦少杰的行列，未来的岳父、岳母就这么边看边问直到晚上十点。从此以后，很长一段时间里，他都十分害怕再去女友的家里。

不难看出，人们的眼神交流已经成为一种重要的礼仪，这时就必须有严格的规范。

首先，即使是在普通的社交谈话中，礼仪要求之一就是目光一定要注视

谈话者。通常认为，在别人讲话时眼睛东张西望、心不在焉、玩弄东西或者不停地看手表是很不礼貌的行为，也难以得到他人的尊重和信赖。

其次，当我们与他人交谈时需要注意的一点，就是应该尽量把目光局限于上至对方的额头，下至对方上衣的第二颗纽扣以上，左右以两肩为准的方框里，特别注意不能明显地将目光集中于对方脸上的某个部位或身体其他部位。

最后，要注意不能对关系不熟或关系一般的人长时间凝视，这样对方会感到浑身不自在，很是尴尬。这似乎是全世界通行的礼仪规则。若路遇陌生人，应倾向于避开眼光对视。如果是上下打量人则更是一种轻蔑和挑衅的表示，容易引致对方不满的情绪。

同时，在运用眼神礼仪的时候还有一些注意事项：

（1）注视的时间

注视时间可以表明一个人的态度。一般来说，当别人与我们谈话30分钟，注视却不足10分钟，说明对方在轻视我们；如果注视时间在10到20分钟，说明他对我们是友好的；如果一直注视着，则可能有两种情况：重视或者敌视。也就是说，与别人谈话时眼睛的注视时间要占谈话时间的三分之二为宜。

（2）注视的部位

通常来说，在不同的环境和交谈中，注视的部位也不同。额头上，属于公务型注视，在不太重要的事情和时间也不太长的情况下适用；眼睛上，属于关注型注视；眼睛至唇部，属于社交型注视；眼睛至胸部，属于亲密型注视。

（3）注视的角度

注视的角度一般有三种，平视表示平等；斜视表示失礼；俯视表示轻视别人。在人际交往中，目光应正视对方的眼、鼻三角区，以示尊重。当对方沉默不语时，就不要盯着对方，以免加剧他不安的尴尬局面。在整个交流过程中，还要特别注意眼睛不要使劲向上看，因为这种目光常常会给人一种目中无人、骄傲自大的感觉。当然更不能有东张西望的目光，给人以缺乏修养、不懂得尊重别人的印象。

人们在交际场所，眼神是一种深情的、含蓄的无声语言，往往可以表达有声语言难以表现的意义和情感。动物学家们发现在动物世界里，由于缺乏有效的语言沟通，动物之间互相威胁对方，挑起“战争”的形式多数是选择从眼神的怒目相向开始的。

眼睛是人体传递信息最有效的器官，它能表达出人们最细微、最精妙的内心情思，从一个人的眼睛中，往往能看到他的整个内心世界。所以，我们在与人进行交往时，务必要注意眼神的运用。与人交谈，要敢于和善于同别人进行目光接触，这既是一种礼貌，又能帮助维持一种联系，使谈话在频频的目光交接中持续不断。

6. 巧妙寒暄，拉近你与陌生人之间的距离

礼貌使有礼貌的人喜悦，也使那些受以礼貌相待的人们喜悦。

——法国启蒙时期思想家：孟德斯鸠

说到寒暄，有不少人都有疑问，不就是聊聊家常吗，有什么难的。的确，生活中我们经常见到的寒暄，通常都是随便说一些无关紧要的话。可事实上，我们大家都明白，寒暄的主要作用，是打破人际交往中的僵局，如若我们选择谈论的话题不当，或者预备寒暄的方式不对，那么就很容易弄巧成拙。

与他人见面，若能选用适当的寒暄语，往往会为双方进一步的交谈打下良好基础。反之，在本该与对方寒暄的时候一言不发，这不仅没有礼貌，而且也会给双方今后的交往带来障碍。

寒暄是正式交谈的前奏，直接影响着整个谈话的过程。因此，我们在寒暄之前一定要注意以下四点：

（1）时刻保持热情友好的态度

两个陌生人见面后，首先都要保持一个友好的态度，这样才能增加彼此的亲切感。但是这种热情友好的亲切方式，还有赖于主动热情、诚实友善的态度。相互见面，没人喜欢听到对方冷冰冰地来一句“很高兴见到你”，这样的态度，给人的感觉就是那种很不情愿或盲目应承的话。所以，我们一定要注意见面之初的表情和态度。

（2）交谈要讲求适可而止

做任何事情都应该有一个“度”，寒暄也不例外。两人相见，可能聊得起劲，有种相见恨晚的感觉，但切忌没完没了，时间过长。这样两个人才能抓住结交的重点，而且还能把自己的心意表达完整。

（3）学会分场合、地点、看交谈对象

问候语具有非常鲜明的民俗性、地域性等特征。比如，老北京人通常喜欢问别人“吃过饭了吗”，其实就是“您好”，我们要是答“还没吃”，意思就不大对劲了。但是到了南方或者国外，还要用这句话问候别人，就会被人误解，他们会理解成“你要请他吃饭”或者“多管闲事”，从而引起误会。所以，在商务活动中，在我们不了解对方的情况下，为了避免误解，统一规范应以“您好”“忙吗”为问候语，其他的最好不要乱说。

（4）善于协调周围气氛看人说话

有了自然而得体的话题，有了认同感，再加上诚恳、热情的态度，以及双方表现出来的勃勃兴致，自然和谐的交际气氛也就出来了，这就为双方的融洽交谈打下了良好的基础。但要想找到合适的话题，也不是那么容易的，我们一定要注意观察对方的表情，并从最普通的没有任何敏感点的话题开始谈论，慢慢抓住对方语言中的方向和兴趣爱好。

另外，寒暄的常见类型通常有三种——问候、攀认、关照。问候是一些平常问候语，在日常生活中较为广泛；攀认则是抓住双方共同的亲近点，并以此为契机来进行发挥性的问候；关照主要是在寒暄中站在对方的角度来思考话题，并且勾勒出整个话题框架。

可能有不少人对套交情这种事，心里多少有些抵触，要么胆怯，要么不屑。但我们一定要意识到，与陌生人沟通、来往是个绕不过去的坎、非跨不可的沟，只有正视它、面对它。懂得如何“套交情”，才能真正帮助我们搞好与陌生人的关系。

总之，寒暄的语气应该视当时的气氛而定，而且话语可长可短。不过，大多数情况下都力求简洁。因为初与陌生人接触，开场白是非常重要的，它给别人的印象是非常深刻而且不容易改变的，所以我们一定要注意自己的言行举止。如果我们不注意，一开始就说错话，那么别人肯定会以为你不尊重他，为此和你划清界限。

在社交活动中，人们都希望能够出现令人愉悦的场面，只要你懂得并且学会一些套交情、活跃气氛的小手段，就可以让自己与陌生人的交往变得轻松起来。

7. 看了这篇，你就知道西装穿着和搭配了

我喜欢经典的西装，它让男人有结实的肩膀、适中的腰部和修长的腿形。

——时装设计师：汤姆·福特

西装以其设计造型美观、线条简洁流畅、立体感强等特点流行于世界各地，成为通用的正式服装，人们在出席各种正式场合的时候，几乎无一例外地选择西装。西装七分在做，三分在穿，我们在选择西装的时候，除了要注意西装的颜色、尺码、价格、面料和做工以外，还要注意搭配问题。

（1）西装的穿着

首先西装套装的上下颜色要一致。其次，领子应紧贴衬衫并低于衬衫1.5厘米左右。袖长以达到手腕为宜，衬衫的袖长应比西装衣袖长出1.5厘米左右。衣长以垂下手时与虎口齐平为宜，胸围以穿一件厚羊毛衫松紧适宜为好。西装要平整洁净，裤子要熨出裤线。

（2）不同西装的穿着有不同的要求

西装分为两件套、三件套和单件三种类型。出席正式场合的时候，应该穿西装套装，内穿单色衬衫，最好是白色衬衫，衬衫下摆必须塞进裤内。衬衫的领子必须挺括，一定要洁净，扣子要系好，领口的扣子不结领带时可以不扣，袖口则无论何时都要扣好，切不可把西装及衬衫的袖子卷起来。

三件套西装上衣坎肩必须贴身，在室内可将西装上衣脱掉；单件西装多以较粗面料制成，穿着可以随便些，不一定配领带。天冷时，西装里面可以套一件羊毛衫，但不要穿着过于臃肿，破坏西装的线条美。穿鸡心领的羊毛衫结领带时，要将领带塞于羊毛衫内。

西装有单排扣和双排扣之分，双排扣西装一般要求把扣子全部扣好，不可以将全部扣都打开。单排扣西装，三粒扣的只扣中间一粒，两粒扣的只扣上面的一粒，或是全部不扣。在较正式的场合，一般要求把上面的扣子扣上，坐下时应解开。

（3）衬衫的选配

一般来说，与西装配套的衬衫必须挺括、整洁、无皱褶，尤其是领口和袖口。在正式场合，（长袖）衬衫的下摆必须塞在西裤里，袖口必须扣上不可翻起。不系领带时，衬衫领口可以敞开；如系领带，应着有座硬领的衬衫，合领，合领后以插入一个手指头为宜。衬衫袖长度以长出西装衣袖1～2厘米为合乎礼仪要求。夏季着短袖衬衫时，一般也应将下摆塞在裤内，但无座软领短袖衬衫例外。

（4）西装的衣袋

通常情况下，上衣两侧的衣袋仅为装饰用，不能用来装东西。上衣胸部的衣袋可以用来装手帕用。上衣下面的口袋也不宜装东西，否则会破坏西装的造型，一些小物品，如票夹、笔记本、笔等可以放在上衣内侧衣袋里。为了保持臀围合适流畅，裤型美观，裤袋也不宜放东西。

（5）鞋子的选择

穿西装的时候绝不能穿运动鞋、布鞋和旅游鞋，应该以皮鞋搭配。皮鞋的选择应该以黑色和深色为主，显得素雅大方。

（6）领带的选择

领带是西装的灵魂，选择一条合适的领带对于西装的穿着来说至关重要。领带的种类很多，大体分为一般型领带和变形领带两种。一般型领带有活结领带、方形领带、蝴蝶结领带等；变形领带有阿司阔领带、西部式领带、线环领带等。我们可以根据需要自由选择。

领带的扎法也很有讲究，一般是扣好衬衣领后，将领带套在衣领外，然后将宽的一片稍稍压在领角下，抽拉另一端，领带就自然夹在衣领中间，而不必把领子翻立起来。系领带最重要的部位是领结，各种不同的系法可以得到不同大小形状的领结。个人可视衬衫领子的角度选择自己所喜欢的领带系扎方法，通常领子角度较小的宜选用小巧结的扎法，而领子角度较大的宜选用大领结的扎法。

但不论哪种系扎方法，领带系好后，两端都应自然下垂，上面宽的一片必须略长于底下窄的一片，绝不能相反，当然上片也不宜长出过多，致使带尖压住裤腰甚至垂至裤腰之下而不雅。如有西装马甲相配，领带必置背心之内，领带尖亦不可露于马甲之外。领带的宽度不宜过窄，过窄会显得小气，宽度应与人的脸型及西装领、衬衫硬领的宽度相协调。

（7）颜色的搭配

西装是正式场合穿着的，如果其颜色搭配不当，则会给人一种不伦不类的感觉。以下几种颜色搭配方案可供参考。

黑色西装，配白色或淡色衬衫，系银灰色、蓝色或黑红细条纹领带；

中灰色西装，配白色或淡蓝色衬衫，系砖红色、绿色及黄色调领带；

暗蓝色调西装，配白色或淡蓝色衬衫，系蓝色、深玫瑰色、褐色、橙黄色调领带；

墨绿色调西装，配白色或银灰色衬衫，系灰色、灰黄色领带；

乳白色西装，配红色略带黑色、砖红色或黄褐色领带，互补的衬衫会更显文雅气派。

8.遵循着装的“TPO”原则和“三色”原则

奇装异服并不等于穿戴时髦。

——英国作家：罗伯特

着装的“TPO”原则就是指着装要考虑到时间（Time）、地点（Place）、场合（Occasion）等三个要素，力争着装与这三个要素相协调。

（1）时间

一年有春、夏、秋、冬四季之分，一天有早、中、晚之分，在这不同的时间段里，着装也要随之变化。冬季的时候要穿保暖、御寒的冬装，夏天要穿通气、吸汗、凉爽的夏装。白天的时候，应该穿着正式的服装，而晚上的时候则可以穿一些宽大、舒适和随意的衣服。

（2）地点

我们每天来往于不同的地点，在不同的地点扮演着不同的角色，不同的角色自然要穿不同的衣服，而且在不同的场合所穿的衣服很多时候也不能互换。比如，我们可以在海滨浴场穿着泳装，但是在大街上则不可以。

如果我们将人活动的地点进行大致的划分，则可以分为家、办公室两个重要的地点，其余的统一称为休闲娱乐地点。在家里的时候，我们的穿着可以相对随意，因为那是我们的私人空间；在办公室或者是去拜访客户的时候，我们则需要穿上职业套装；休闲娱乐的时候则以休闲服饰为主。

（3）场合

衣着与场合相适应是非常重要的，通常情况下，男士的服装比较简单，正装以西装为主。女性的服装则相对复杂。在办公场所里，男性和女性一样，都要穿着职业装束。在宴会上，女性的服装则可以相对变化，可以穿着中国传统的旗袍或者长裙、晚礼服。在朋友聚会、郊游等场合，着装应轻便舒适，如果我们穿着晚礼服参加朋友聚会这种轻松的场合会让人感觉非常不舒服。相反，如果我们穿着便装出席正式的宴会，则有失形象，对于主人来说也是一种不尊重。

“三色”原则是针对男士的西装穿着而言的，也就是说男士在穿西装的时候，全身上下的颜色不能超过三种（这包括衬衫、领带、腰带、鞋袜），这样才符合规范。从人的视觉上讲，服装的颜色在三种以内是比较好搭配的，超过三种以上的颜色则会显得杂乱无章。比如，如果在西装左侧胸袋里插上袋饰手帕，其色彩最好与领带或衬衫颜色相近，否则，上半身就会显得色彩斑斓了。

那么穿西装的时候，三种颜色该怎样进行搭配呢？最简单的就是统一颜色，让西装、衬衫、领带、腰带等全部都是一种颜色，这样虽然简单，却不是最好的方法，最好的方法是选择三种颜色进行搭配。

最传统的搭配方式是先西装、次衬衫、后领带，逐渐由浅入深；当然领带色彩最浅，衬衫次之，西装色彩最深也是可行的。一种比较考究的搭配方式是让手表带、腰带、皮鞋保持同一种颜色，同时皮夹、皮包等配件与服装的主要颜色相一致。

袜子颜色看起来微不足道，但是却是非常重要的。通常情况下，袜子的颜色绝对不可以是白的，除非穿的是白皮鞋，而且尼龙袜子也是不能穿的。

9. 面试着装，别太正式也不可太随便

风格反映其人，这是千真万确的。

——英国作家：罗伯特.库克

面试是大学生们走出校门之后面临的第一项挑战，在就业率逐年走低，竞争日趋激烈的今天，如何在面试中给考官留下一个好印象变得越来越重要，除了要有好的口才、专业素养以外，穿着打扮也变得非常重要。合适的“面试装”能为我们的面试有效加分。

然而，很多人不知道该怎样选择“面试装”，考官到底希望我们穿什么样的衣服面试，我们无从得知，但是我们可以试着去向他们的愿望靠近。

通常情况下，人们会将面试看成是一个非常正式的场合，所以会选择穿正装去面试。这种想法虽然没有什么错，但是在实际中却有些偏差。很多时候，一些公司并不希望前来面试的员工太过正式。

选择面试着装的时候，最好是根据所要面试公司的特点以及职业特点来选择。如果我们所要面试的是一份比较严谨的职业，且大多数的从业人员都是穿正装上班的话，面试的时候，我们最好穿正装；如果我们所面试的公司和职业相对来说比较自由的话，最好选择一些休闲的服装去面试。

虽然说我们并不提倡穿正装前去面试，但是面试的时候，我们的穿着也不能太过随意，毕竟面试也是一个相对来说较为正式的场合。有些求职者认为，穿着打扮在面试中的作用不大，只要是有足够的能力就行了。事实并非

如此，考官往往会从一个人的穿着打扮来判断这个人的性格，在面试中穿着太随意，会给人留下一种不可靠、不认真的印象。

快要毕业了，但刘文强的工作还没有着落。每天天不亮，他就忙着穿西装打领带，奔波于各个人才市场。几乎每一天他都是在面试中度过的。经过不知道多少次面试之后，刘文强已经越来越麻木，对面试失去了起初的激情和慎重。

这一天，刘文强接到了一个心仪的公司发来的面试通知，他立刻赶了过去。面试过程中，他表现得相当不错，他相信凭借着出色的表现，面试官没有拒绝他的可能。

但第二天，刘文强接到那家公司人力资源部门的电话，他没有被录用，原因就在于刘文强在面试的时候，穿着随便，形象邋遢，头上还有明显的头屑。

在私人的空间里，我们可以穿着随意一点，那个时候是享受生活，但在公共场合，我们就必须注意自己的穿着打扮，照顾别人的感受。面试的时候，我们所要面对的是考官，他们的感受才是最重要的，所以，在着装方面，一定不能太过随意。

（1）切忌打扮得太过花哨

花哨的打扮是属于小孩子的，一个即将步入职场的人应该给人一种成熟、稳重的感觉。

（2）不要穿着太过性感或裸露

也许你的身材很性感火辣，但是在面试官面前，还是把这些包起来吧，不要让他以为你是一个不庄重的人。

（3）不要穿拖鞋

拖鞋是在家里穿的，难登大雅之堂，没有一个面试官可以接受前来面试的员工是穿着拖鞋来的。

10. 参加婚礼穿什么好

无论如何，一个人应永远保持有礼和穿着得体。

——瑞典小说家：海登斯坦

在每场婚礼之前，我们总是会发现，不单单新郎和新娘会感到无所适从，很多第一次被邀请参加婚礼的宾客，往往也会因为不懂得正式场合的礼仪，感到不安。尤其是在参加婚礼的着装方面，很多宾客为此而感到不知所措。

其实，作为被邀请出席的嘉宾，可以亲眼见证一对新人携手相伴幸福的开始，是一件十分荣幸的事情。可是如何才能在这庄严的场合中，穿得既不拘谨小气，也不过分张扬以致掩盖新娘新郎的风头，的确是一件让人发愁的事情。

下面，我们就来为大家归纳一些重要的注意事项，看看参加婚礼究竟怎么穿着才最为合适。

（1）婚礼中的女性着装

款式：

在宾客的着装款式上，一定切记不要“喧宾夺主”。在中国，一般传统大型婚宴的服装比较正式，而且比较隆重，以礼服居多。但是礼服切忌太过烦琐，简短而精湛的小礼服可以说是很好的选择。

女性的礼服应该低调而且大方端庄，不应太暴露，否则会抢了新娘的风头，也会让在场的长辈不悦。比如：如果我们里面穿的是一件露背的吊带礼服，那么就可外搭一条披肩，这样立刻就可以把性感的字眼去掉，换作成熟优雅。

另外，对于瘦削型的女性，礼服的上身可以有波浪形或褶皱的设计，令上身丰满；而体态丰满型的女性，上身可选择箍肩膀而又大V领的款式，能将颈部拉长，显得脸及身型较瘦削，下摆可放宽，能显得腰部较纤瘦。

颜色：

被邀请参加婚礼的女性应该避免红、白、黑这三种颜色。如果我们一身白衣或者红衣，会让人误以为我们是“主角”，因为白色和红色是“新娘的颜色”，无论有何种理由，在参加婚礼的当天身着一身白或红都是很不礼貌的。

另外，也不宜选择黑色，尽管参加婚礼这样的正式场合，黑色不是不可以的，但是也有些过于暗沉。如果选黑色，一定要注意裙装材质，要有光泽，这样才可能带来华丽的效果，但除此以外的黑色裙装最好还是避免穿着。

因此，出席婚礼服装的色彩以喜庆的色彩为主，女性在颜色方面可以选取紫色、绿色、粉色、灰色、酒红、米色等。

首饰：

针对女性来说，大凡出席端庄场合时，首饰是必不可少的亮点。但是出席婚礼时，首饰不宜戴多，尤其当我们作为来宾参加别人的婚礼时。一到两件便足矣，否则会让大家都觉得尴尬。当然，穿有些低胸的衣服时，必要的首饰也是不能少的，我们可以选取一些小一点的，并且带有柔和度的项链，比如一些珍珠饰品等。

（2）婚礼中的男性着装

款式：

相对于女性而言，男士的服装较为简便，因为男士最基本的着装便是简洁西装，但是在着深色套装的同时，记得穿黑色袜子配黑色皮鞋。除了西装外，男士也可以身着衬衫加西装马甲，下身依旧是和马甲相搭的西装裤。当然，马甲多为在西式婚礼上出现，如果是中式婚礼，男士还是要以简洁西装为主。

颜色：

男士的服装颜色也没有过多的要求，但是也切记避免白色，在西式婚礼中，白色是新郎的主打色，男士应该避免穿白色进场，反倒应以深色、暗色为主。男性在颜色方面可以选取黑色、米色、驼色、深灰、深蓝等颜色。男士出席婚宴礼服的色彩不宜过多，礼服最好以单色或者是两色搭配为最佳。

11. 上班第一天的穿衣宝典

穿着成功不一定能够让你成功，但不成功的穿着保证能够让你失败!

——加拿大形象设计师：凯伦

常言道“人靠衣装马靠鞍”，如果我们希望自己在职场上建立一个良好的形象，那么就需要全方位地注重自己的仪表。特别是我们迎来新工作的第一天，我们不仅要带着朝阳般的生气去迎接新工作的到来，还要在自己的形象上给他人留下一个好的印象。

有人曾说：“衣着本身就是一种武器，它反映出我们个人的气质、性格甚至内心世界。一个对衣着缺乏品味的人，在办公室战场中必然处于下风。上班时穿得体的正装，胜过千言万语的表达。”职场上，一个人的衣着其实从某种侧面反映出了一个人对待工作和生活的态度。而且大多数时候，第一印象往往又对当事人有很大的影响。因此，初到一个新的公司，我们一定要注意自己的言行、穿着。

那么，我们究竟应该怎样做，才能够让自己的穿着在上班的第一天就给自己加分呢？

（1）庄重

对于“庄重”二字而言，莫过于在一些政府机关、银行等地方工作的人了。这些人的代表就是公务员。身居这样一个职位，注定了自己将要以一种肃穆、庄重的形象示人。很多时候反映职业本身的信任度是工作着装的首要表现，我们的着装一定要符合所在职业的规定要求。如果我们就职于一些着装要求都十分规范的工作场合，那么服装首先应以中性为主，款式一定要简洁，并且颜色主要以纯色为主，服装不要过于花哨。

男士穿白色和浅色暗格衬衫加深色西裤；女孩子则穿浅色套裙，挎质地好的单肩皮包，加上恰到好处的淡妆。

（2）智慧

“智慧”所包含的范围很广，主要相对于一些以商业为主的高新企业，例如计算机、网络等相关领域。这些人都是要经常与一些商业圈内的智慧人士打交道的。所以这个行业中，个人的智慧和团队合作精神都十分重要。因此，服装一定要能够体现穿着者的独立个性和大气风范。为此，服装首先以能表现出沉着的颜色为主，并且可以通过一定的配饰来强调身体局部的隆重，以缓解持续工作的僵硬。

这个行业的女士在上班的第一天可用小细节张扬个性，比如别出心裁的耳饰、手饰、脚饰或其他金属饰品，以达到吸引他人注意的效果。

（3）职业

对于一些中小企业或者服务业来说，“职业”化的着装很显然是有必要的。这些行业通常都需要公关，例如商贸、房地产、咨询业等。在这些行业中，很多员工都是经常要与客户互动交流的，因此，着装大众得体便是首要定义，一定要符合自己的身份和身材，并且体现干练的作风。最重要的便是着装的高级感和服饰礼仪，比如在穿西装时只能扣最上边的一颗或第二颗纽扣，扣上所有的扣子是不礼貌的。色彩的选择上也要讲究，要以灰色、黑色或藏青色为主，但可以选择相应明亮的配饰。

男士在上班的第一天选择一件淡青色的短衬衫加上深蓝色长裤，这肯定是最保险的搭配。女孩子以淡米色收腰套裙为主，不要为了展示自己的年轻以牛仔装示人。

（4）个性

谈到“个性”，首当其冲的便是和时尚沾边的一些行业，例如媒介、广告等。这类行业因为没有过多的要求，为此穿着不是很严格，因为其本身就是和时尚沾边的，随意性很大，所以我们可以穿得很本色，也可以张扬自己的个性和特点。对于颜色也无固定要求。

提前一天到我们的工作单位逛一圈，悄悄观察一下周围同事的着装，我们的穿着能与他们差不多就可以了，当然，如果我们要标新立异、展示自己，我们的老板也绝不会管我们。

穿着是一个人“门面”的象征，因此我们一定要重视起来。上班的第一天，更应该注意自己的穿着打扮。如果打扮不好，就会给以后共事的同事们留下一个不好的印象，不利于今后开展工作。

12. 关于内衣那点事

越是优雅的女人，她的内衣也越是讲究。

——礼仪界名言

礼仪界有句名言：“越是优雅的女人，她的内衣也越是讲究。”其实，男人也是一样，穿内衣也像挑选西装一样，不同场合需要选择不同款式。穿衣的学问有很多，但是得体的着装从来就是包括从内到外的搭配和协调的。

（1）女士的内衣搭配

从女士的角度来看，内衣虽然只是穿在里面的小物件，但它却能使得女人身上散发出彻底的自信，下面就先来为女士们讲述一下内衣的着装礼仪。

有颜色内衣的搭配学问：在职场中所有内衣的颜色一定要和外衣的颜色和谐统一，如果不知道内外衣的颜色搭配，选一款肉色的内衣是最实用的。因为如果内衣颜色外泄，非但看起来特别难看，要是处在一些庄重场合，那么还是对别人的不尊重。

吊带装的内衣搭配学问：穿吊带的服装时也不必将内衣完全藏起，两条肩带偶尔露出也能搭上内衣外穿的新潮流，但肩带一定要和外衣的颜色和谐，特别设计的肩带也很美。例如现在市面上流行的一些蝴蝶或者蕾丝花边的肩带，都十分漂亮。如果万一我们不喜欢，那么也有透明感很强的肩带供我们选择。

紧身装的内衣搭配学问：当我们穿着紧身衣的时候，背部的线条一定要流畅、平顺，因此，只有尺寸合体的内衣是最佳的选择，切忌身体被内衣捆绑出肉粽的形状，这样就难免有损形象。

大V领装的内衣搭配学问：穿着比较性感暴露的外衣时，内衣也要做好功课。不合体的内衣会让我们平滑的身体曲线出现赘肉，可不是好的性感的表现，这样也有失礼仪。因此，穿着大V领时，一定要注意自己的内衣，切忌在公共场合成为不文雅的代表。

（2）男士内衣搭配

说了女性的内衣搭配，那么男士应该如何搭配呢？通常情况下，一个风雅的男人懂得怎样拥有潇洒的言谈举止，一个事业有成的男人懂得怎样用努力去实现理想，而时髦的男人懂得衣冠对于自己的“形象”有多重要，为此男士的内衣搭配也有一番学问。

运动型：男人的天性就是好动，而贴合身体的内衣，减少必要的皮肤摩擦，才能保证运动时的束缚感。虽然现代纤维已经取代棉纤维更多出现在内衣领域，但是如果长时间运动还是应该选择棉、莱卡混纺面料的内衣。

绅士型：大方的宽边橡皮筋平角裤，运动感十足，造型非常男性化。用它搭配礼服是“非常”绅士的时髦首选！

外出度假：海滨度假的沙滩装是时装的一大潮流趋势，透明、轻盈的棉麻衬衣加上一条沙滩裤，绝对是不二的首选。现在最时髦的款式是把内衣与泳装结合，设计师将改良内衣的面料设计成泳衣的造型，给我们最大的自由度！

13. 学几招得体的搭配技巧

拥有属于你的独特风格，成就个性的你。

——意大利彩妆大师：蒂亚戈

一位商界名流对时尚的认识是：“时尚不是穿名牌、赶潮流，最重要还是品味，穿得干净、整齐、和谐，然后让自己轻松快乐。”这句话几乎代表了大多数人的心声。

着装礼仪是展现一个人外在美和内在美的综合表现。所以，每个人注重衣着形象，掌握交往礼仪，培养融洽的人际关系，这是人生旅途中必修的一课。但是如何能让自己的衣着打扮得别具一格，同时又不是特别的标新立异，那就有一番学问了。

那么如何着装才算是符合社交礼仪呢，怎么才能让自己的着装显得得体、时尚又成功呢？根据专家的建议，正确的着装，应当是在考虑到整体风格的前提下精心搭配的结果。具体而言，有以下几点需要注意。

（1）衣服要和体型相配合

人的体型各不相同，同一件服装穿在体型不同的人身上，效果也是截然不同的。

瘦高的人，应穿稍厚一点的服装，最好带有横向条纹的图案，这样会显得相对壮实、精神，并要避免穿深色的衣服，它会让你显得更瘦。

肥胖者，衣服不能太厚或者太薄，太厚显得臃肿，太薄又会将你的身材暴露无遗，应选用厚薄适中、挺括的衣服，且不要穿带有大花、横条纹、大方格图案的服装，否则体型会显得更加横宽。对身材肥胖的女士，不应选用皱褶的面料做衣服，不适合穿无袖短衫或连衣裙。对她们而言，西服裙是一个比较好的选择。

（2）颜色之间的搭配

色彩的合理搭配，会使人产生美感。色彩还能引起人的情绪变化，一般来讲，红色热烈，黄色光明，绿色清新，黑色沉静，蓝色庄重，紫色神秘，白色纯洁。所以，在选择衣服颜色的时候，要依据颜色的自身特点，结合自己的喜好，注意搭配。如浅色有扩张作用，能使人显得胖；而深色有收缩作用，能使人显得瘦。

（3）衣服色彩与肤色之间的搭配

如黄皮肤的人应避免蓝紫、朱红等颜色，因为这类颜色与皮肤的对比度强，会使皮肤显得更黄。皮肤黑的人不宜选用黑、深褐、大红等颜色；脸色红的人应避免绿色。白色几乎穿在任何人身上都很协调。事实上，没有不美的颜色，只有不美的搭配，色彩的搭配是有要求的。所以，在选择服装颜色时，应根据自身的特点加以选择。

另外，男士在衣着的选取上也同样应当注意，以下几个就是避免出现的错误搭配法。

（1）别样西装穿着误区

欧式对排扣西装由于纽扣位置较低，有一种上半身显长的感觉，所以身材较矮的男士应该慎重穿着；里面的衬衫不能长过西装袖口2厘米，大部分男士的衬衫袖口都露得太多。

（2）中性装扮要有度

年轻的女孩们都承认自己喜欢偏秀美的帅哥，但是不喜欢男人的刘海留到可以遮住半边脸、打个耳洞、穿喇叭裤等。中性时尚仍旧讲究“男女有别”，在阴柔美里保持阳刚之气，这才自然大方。

（3）夹克帅气也要衬人

短夹克包过了臀部、腰带系在了肚子上面，便不协调，男装夹克的正确长度应到腰际。如果实在不幸拥有了一个便便大腹，就算肚子再大，腰带也必须系在“将军肚”下。

在穿衣打扮上，其实还有很多的小技巧，但是只要我们多从生活时尚中去寻找，平时多关注一些时尚资讯，那么不仅自己的色彩敏感度会加强，而且我们对于衣服的品位也会慢慢提高。

第二天

语气表情，获得对方好感的关键因素

1. 你说话的表情和语气决定别人对你的好感度

一个人怎么说话，说什么话，毫无例外地显示着他的品位。

——美国旅馆业巨头：希尔顿

在人类的感觉器官中，眼睛和耳朵是最灵敏的，接触和评价一个人首先靠的就是眼睛和耳朵。所以，在与他人进行谈话时，我们的表情和语气决定了他人对我们的好感度。

语气和表情，能够使我们所传达的情感更加丰富。同样的一句话，配合不同的语气和表情，就会给人留下不同的印象。比如，同样是“你真是个混蛋”，笑着用亲切的语气说和咬牙切齿地说，给人的感觉肯定是完全不一样的。

如果我们想要在第一次与别人见面的时候就获得别人的好感，以发展良好的人际关系，就必须注意自己说话的语气和表情。事实上，在谈话开始之前，我们的表情就已经在起作用了。谈话之初，对方首先关注的就是我们的表情，亲切自然的表情不但会给对方留下好的印象，还能为谈话营造良好的氛围。反之，则会让谈话在不愉快中进行。

有一次，胡慧玲儿时的伙伴要来她家里做客，为此，胡慧玲做了大量的准备。一大早她就开始忙活，打扫整个房间，换上新的地毯和窗帘，然后去街上购买中午要用的食材，最后重新布置房间。做完这些工作之后，胡慧玲已经疲惫不堪了。

大约十点左右，门铃响了，一脸倦容的胡慧玲脚步蹒跚地去开门，她的伙伴一进门就给了她一个大大的拥抱，但疲惫的她表现得很不给力，当伙伴发现她的表情时，立刻没了兴致。两人有一句没一句地聊了会儿，一小时后，伙伴以有事为由告辞了，饭都没吃。

人的面部表情是最丰富的，它能表达各种不同的情感。在谈话的过程中，对方可以从我们的表情中捕捉我们的内心世界。所以，在与他人进行对话的时候，一定要注意自己的表情，无论有什么原因，我们都要保持微笑、亲切和自然的表情，在这种表情里，对方才能看到我们对于他的欢迎与欣喜。

同样的道理，语气和表情一样，也是对方捕捉我们情感的线索。不同的语气，包含着不同的情感基调。比如，当我们用冷冰冰的语气与他人进行谈话的时候，就表示不愿意与对方进行这场谈话；当我们充满热情地与对方谈话的时候，就表现出我们对对方和这场谈话充满了期待。想要获得对方的好感，就必须使用恰到好处的语气与对方进行交谈。

语言本身的意义是固定的，但是配合不同的语气，同一种语言就会产生不同的意义。语气使用不恰当，同样的话就有可能产生相反的效果。比如，“我爱你”这三个字，如果用真挚的语气说出来，那就是满怀着对自己爱人的一腔真情；如果用油腔滑调的语气说出来，那就是另外一种情景了。所以，在谈话过程中，我们尤其要注意自己的语气。

首先，不同的人用不同的语气。谈话是针对他人展开的，所以语气的选择要适应他人。

语气能够影响听者的情绪和精神状态。用喜悦的语气就会引发对方的喜悦之情，用愤怒的语气就会引发对方的愤怒之意。

其次，不同的场合用不同的语气。谈话环境对谈话者接收我们的谈话信息有重大的影响，比如，在嘈杂的环境下，我们必须增大音量，放慢自己的语速，把握语势上扬的幅度，才能让对方更清楚地了解我们说话内容的重点。

最后，不同的时间用不同的语气。同一句话在不同的时间用不同的语气说出来效果有可能会截然不同。例如：在不同的时间里，可能每个人的感觉、态度都会不同，早上和晚上我们的说话语气和口吻绝对是不相同的。

2. 不要一脸冷漠的样子

正确的寒暄必须在短短的一句话中，明显地表露出你对他人的关怀。

——礼仪界名言

假如我们去拜访一个朋友，从始至终，对方都不苟言笑，一脸的冷若冰霜，且对我们毫无热情。可以想象，就算我们知道对方当时真的身陷困境，提不起精神来招待我们，想必我们仍然会觉得这是一次糟糕透顶的拜访，不由地对这个不会来事儿的朋友心生怨艾，认为他连基本的人际交往礼仪都不懂。哪怕假装热情一下也比这强，至少能让我们心中好过一点。

是的，对于登门拜访的朋友，就算我们心中真的有不悦，也不应该在脸上明显地表现出来，以免让对方误会我们不欢迎他。

我们常常说，变化最快的是小孩子的脸，说变就变，脸上还挂着泪珠已经在咯咯地笑。对于小孩子毫不掩饰地情绪，我们称为纯真。可是，当我们进入成年人的世界，就应该学会顾及别人的情绪，明白喜怒不形于色也是一种礼仪。

有人把生活比作是一场华丽的化装舞会，意思是，舞台上的我们，由于种种原因都不能再做童话“皇帝的新装”中那个诚实的孩子了，而要戴上适当的“面具”，以融入人生这场化装舞会的庞大阵容中。

这不是有意的欺骗，而是进入社会后一种必备的成熟心态。如果仍然保持着小孩子的处世方式，我行我素，不顾及别人的心理感受，很容易被大家排斥。

不管是在生活中还是在工作中，“翻脸比翻书还快”都是一种不成熟的表现。如今我们很多人都存在这样的现象：心情好的时候，走路都会笑出声；心情不好的时候，就是易爆的炸药桶，谁碰谁倒霉。从心理学的角度分析，这种跟“夏日傍晚的雷阵雨”相类似的现象，普遍存在于年轻人，尤其是年轻女孩的身上，也就是人们常说的“情绪化”。

假如我们不懂得管理和控制自己的情绪，任它们不分场合、不分地点、不分对象，肆无忌惮地发作，那么时间久了，我们身边的朋友、同事甚至亲人都会对我们产生“畏惧”，渐渐疏远我们、孤立我们，当然他们并不是真的害怕，而是无法忍受我们多变的情绪，以及写在脸上的各种心事罢了。

事实上，把情绪藏在心里不表露出来并不是太难，既不是要我们卑躬屈膝地迎合别人，也不是要我们自我孤立，与世隔绝。所谓“喜怒不形于色”强调的是一种最接近自然的神态，一种最让人无法捉摸的神态。要知道，在残酷的现实面前，善于伪装自己，往往更有机会成功。

看看自己身边那些举止得体的女人，温文尔雅的男人，他们也许并不是真的淑女和绅士，他们只是懂得在适当的场合扮演正确的角色。

比如在电梯里遇到上司，我们必须主动打招呼，尽管当时我们的心情糟糕透了，根本不想说话；比如某同事由于表现突出得到嘉奖，我们必须及时上前赞美，尽管当时我们很不服气，因为这本来是属于我们的功绩；再比如部门新来了一个同事，我们必须热情、亲切地跟她攀谈，尽管我们很不喜欢也不善于同陌生人打交道……这些不成文的规定，就是我们的“面具”，而且是非常重要的“面具”。

在这个多元化的世界里，我们不过是芸芸众生中的一员，只需要管理好自己的生活和工作，经营好自己的感情和事业，处理好自己的负面情绪就够了；对于其他人所选择的生活方式，即便我们看不顺眼，很不喜欢，也必须学会尊重和接受，更没必要给出“意见”。如果我们心直口快、不管不顾，一味地顺着自己性子来，那么不仅会给自己惹来麻烦，还会遭到众人集体排斥。

成熟的人，会将喜怒哀乐写在心上，而不是脸上；成熟的人，从不急于表明立场，而是考虑周全再开口；成熟的人，更懂得在重要场合隐藏自己的情绪。当然，这需要慢慢培养，如果我们是个脸上藏不住情绪的人，不妨先从“忍耐”开始练习，逐渐发展到掌控自己的情绪。

或许我们会说：“我只想做真实的自己，虚伪的人才会戴面具。”不，那只是一个方面。我们赖以生存的环境过于复杂，必须要和各种各样的人打交道，合适的“面具”一方面可以很好地保护我们，另一方面也是对别人的尊重，帮我们营造良好的人际关系。

当我们内心确实不喜欢一个人，压根不欢迎他的到来，但为了对方的面子，仍然忍住厌恶的情绪，表现出适度的热情。这在人际交往中，就是一种难得的智慧。

3. 和对方保持情绪相近度

平等者最能与平等者相投。

——古罗马哲学家：西塞罗

和谐、有效的谈话应该建立在共同的基础上。共同的基础包括兴趣、爱好、话题和感情倾向等，而这些表现在具体的谈话过程中，就是对方的情绪，也就是说，在谈话的时候，我们要和对方保持情绪的相近度。比如说，对方情绪低落，那我们就不能表现得太兴奋，否则就会给人以幸灾乐祸的感觉。

保持情绪的相近度，会让对方产生一种可信赖感，这会促使谈话轻松有效地展开，通过谈话，我们很容易和对方建立良好的关系。

比如，当我们的朋友失恋了，正在伤心难过的时候，我们该怎样劝慰对方呢？有些人会选择逗乐的方式，什么“天涯何处无芳草”“大丈夫何患无妻”的话统统出口，事实上这并不能起到很好的作用。即使朋友会对我们报以微笑，那也只是表面的应付。

如果我们能和朋友一样保持同样的情绪低落，并以适合这种情绪的口吻劝慰朋友，则能让朋友产生知己的感觉。事实上，只要我们保持与朋友同样的情绪，即使我们一句话也不说，也能让朋友感到安慰。

保持情绪的相近度可以拉近人与人之间的距离，使彼此产生好感。情绪作用于人之后，必然会对人的谈话产生影响，使人的谈话变得不再那么理性，比如，人在生气的时候说的话，往往过于偏激、难听。这种谈话对于正常的我们来说，必然是难以接受的，也必然会导致“话不投机半句多”的尴尬局面。如果我们能够调整自己的情绪，站在对方的角度来思考同一问题，则会与对方有更多的共同“话题”，这就会让对方产生“酒逢知己千杯少”的感觉。

同样，当对方情绪高涨、兴奋异常的时候，我们也应该和对方保持一样的情绪，否则会让对方很难堪。比如，朋友在运动会上获得了一个大奖，兴冲冲地跑来告诉我们，如果我们表现得漫不经心，不当一回事，那么必然会非常扫朋友的兴。所以，在对方情绪高昂的时候，我们也应该迅速调整自己的情绪，使之与对方的情绪相融合。

有一次，王刚去拜访朋友，正巧对方在看足球比赛。虽然王刚并不喜欢足球，但他还是坐下来陪着朋友一起看。当朋友喜欢的足球队以2：1战胜对方的时候，朋友高兴得蹦了起来，比赛结束后，朋友就和王刚聊起了足球。

王刚对足球并不了解，进球不进球，在他看来是没有什么区别的。但看到朋友那么高兴，他就装出一副相当高兴的样子，搜肠刮肚地搜索自己所了解的足球信息来应和朋友。结果两人的这场谈话在愉快中度过。

保持情绪的接近度是为了创造一个共同的谈话基础，营造一个良好的谈话氛围，只有这样，谈话才能顺利进行。只有在情绪相一致的前提下，才能开发出更多的共同话题，使谈话进行得更加顺畅。

4. 对别人的谈话不可表现出不耐烦

礼貌是人类共处的金钥匙。

——西班牙作家：松苏内吉

人际交流是一个双向的过程，我们希望自己所表达的思想为别人所接受，同样别人也希望他们的谈话能够被我们认真倾听，所以倾听是人际交流中的重要礼节。

在交流的过程中，很多人总是急于表达自己的观点，说服对方接受自己的观点，因此唠唠叨叨说个不停，不给对方留下表达的机会，这是对他人的一种不尊重。交流是双向的过程，交流的双方都有表达自己观点的权利。就同一话题，我们不仅要让对方了解我们的观点，还要学会倾听他人的观点，即使对方的观点自己一点都不感兴趣，也要耐心地听完。

倾听体现出一种个人修养。懂得倾听的人，一定是个具有包容心、有涵养的人。在这个社会中，越来越多的人以自我为中心，总是想要表现自己，而忽略他人的感受，故而经常不尊重他人，这样的人际关系是很糟糕的。

每个人都有倾诉的欲望，我们不仅要扮演倾诉者，还要扮演倾听者的角色。也许很多时候，对方所谈的话题并不能引起我们的兴趣，但是我们也要耐着性子听下去，这是对他人的一种尊重，只有善于倾听的人，才能赢得他人的尊重。

火车上，一个打扮时髦的年轻人坐在那里玩手机，他旁边坐着一个中年男子。突然，中年男子碰了碰他，问道："你还是个学生吧？在哪里上学呢？"那年轻人头也不抬地说道："是的，就在省城。"中年男子的眼睛里放出了一点光芒说："哦，在省城啊。这么巧。我儿子也在省城读大学呢，今年已经大三了。"年轻人淡淡了回了一个"哦"字，没了下文。

中年男子面带尴尬，几次动了动嘴唇，想要寻找新的话题，但又找不到，只好愣在那里。对面也坐着一个与年轻人差不多岁数的男孩，他看到了一切，知道这个中年男子渴望向别人诉说自己孩子考上大学的事情，想要因此赢得尊重。

于是这个男孩主动问中年男子："您儿子在哪所学校啊？"中年男子回过神来说："在辽宁大学。""哦，那是一所重点大学啊，您儿子真厉害。"中年男子咧开嘴笑了。

学会倾听是加强人与人之间沟通的重要礼仪，我们要表现出十足的耐心，用心地去倾听对方的语言。因为每个人都有自己的独特经历，这些经历对于他们自己来说也许非常有趣、非常重要，但是对于别人来说也许就是相当沉闷的。

但是这些话题也是人们在谈话过程中最为津津乐道的，如果我们对于这样的谈话表现出不耐烦，就会让对方心里不舒服，甚至生气，从而影响谈话的继续，也影响对方对我们的好感度。

从这个角度来看，如果我们想要维持与他人的良好关系，不仅要耐心地倾听对方的喋喋不休，还要主动挑起这方面的话题，满足对方的倾诉欲望。只有这样，才能让对方与我们产生共鸣。

5. 让微笑成为一种习惯

在这个世界上，除了阳光、空气、水和笑容，我们还需要什么呢？

——古希腊哲学家：苏格拉底

微笑是世界上最美丽的表情，也是世界上最动听的语言。古希腊哲学家苏格拉底说过："在这个世界上，除了阳光、空气、水和笑容，我们还需要什么呢？"如果在我们一天的工作中，遇到的每个人都对我们微笑，那我们一定能够心情愉快地度过这一天。微笑可以缩短人与人之间的距离，创造出一个温馨和谐的环境。

生活并没有亏欠我们任何东西，所以没必要苦着脸。当微笑真正成为我们的人生态度的时候，那是一种对生活巨大的热忱和自信，是一种高格调的真诚与豁达，是一种直面人生的成熟与智慧。换言之，一个富翁可能整天忧心忡忡，而一个穷人却可能心情舒畅。微笑，跟贫富程度、地位、处境没有必然的联系，只是一种生活态度。

微笑至少有这几个方面的作用：

首先，表现心境良好。面带微笑说明一个人心情愉快，乐观向上。这样的人才会产生吸引别人的魅力。

其次，表现充满自信。面带微笑能说明一个人对自己的能力有充分的信心，使人能够产生信任感，容易被人接受。

再则，表现真诚友善。微笑代表一个人心底坦荡，善良友好，使人在与其交往中自然放松，不知不觉缩短了心灵距离。

最后，表现乐业敬业。工作岗位上保持微笑，说明热爱本职工作，乐于恪尽职守。如在服务岗位，微笑更是可以创造一种和谐融洽的气氛，让服务对象倍感愉快和温暖。

在我们遭到别人的曲解时，可以选择暴怒，也可以选择微笑，但通常是微笑的作用会更大。因为微笑会震撼对方的心灵，显露出来的豁达气度让对方觉得自己渺小、丑陋，而暴怒只会产生冲突和伤害。谁不希望跟一个乐观向上的人交朋友呢？

微笑能给自己一种信心，也能给别人一种信心，对你的人际交往有非常重要的作用。在所有的交际语言中，微笑是最有感染力的，但是在运用微笑传情达意的时候，要注意做到以下几点：

（1）要笑得真诚

微笑既是自己愉快心情的外露，也是人际交往之间最纯真的感情奉送。

真诚的微笑能够让对方内心产生温暖，有时候甚至可以引起对方的共鸣，使之陶醉在欢乐之中，加深双方的友情。

（2）微笑要自然

微笑是发自内心的，是美好心灵的外在表现，而不是装出来的。发自内心的笑才自然、亲切、美好、得体。要注意不能刻意地为笑而笑，没笑装笑，一时的欺骗一旦被识破，就只会剩下反感。

真诚的微笑，应该是五官不发生显著的颤动和位移，额部肌肉收缩，眉毛展开略成弯月形，面部笑肌有意识地收缩，双唇的开合不易过大，牙齿以不露出为佳，嘴角稍微用力向两侧拉直，使嘴角呈船形。

（3）微笑也要分场合

微笑并不是可以用于一切交际环境，它的运用是很讲究的。当我们面带笑容时，我们的心情不会差到哪里去。当我们面对一个笑容满面的人时，我们也很难不对他报以微笑。微笑使人觉得自己受到欢迎、心情舒畅，但对人微笑也要看场合，否则就会适得其反。

比如，当我们出席一个庄严的场合，去参加一个追悼会，或是讨论重大的政治问题，自然不宜微笑。当我们和别人谈论一个严肃的话题，或者告知别人一个不幸的消息时，也不应该微笑或者要及时收起微笑。

（4）微笑的程度要合适

微笑是向对方表示一种礼节和尊重，而不是掩饰情绪的假面具，但是如果不注意程度，微笑得放肆、过分、没有节制，就会表现出做作的成分，反而引起对方的反感。

人生在世，不如意的事十有八九，用微笑去面对，其实一切都没有什么大不了的。给成功者一个微笑，那是赞赏；给失败者一个微笑，那是鼓励。当我们把这个简单的面部表情变成一种习惯之后，我们就会发现，原来生活可以更加美好。微笑有各种理由使我们变得快乐、开朗，同时可以培养一种和善的气质，让更多的人愿意同我们交往。

要学会微笑，将自己的善意传达给身边的每个人。

6. 没有什么比冷漠的语气更令人失望

怀着善意的人，是不难于表达他对人的礼貌的。

——法国思想家：卢梭

冷漠的语气最容易造成人际交往障碍，在交谈的过程中，冷漠的语气总是能够让交谈瞬间陷入僵局。试想一下，当对方怀着极大的热情向我们诉说时，我们却回以冰冷的一句话，这就像一盆冷水当头浇下，换作任何人都难以接受。

再没有什么比冷漠的语气更令人失望了，它就像是凛冽的寒风、锋利的钢刀，很容易就伤到对方。当冷漠成为一种习惯之后，我们就会失去所有人的心。所以，无论什么时候，我们都应该注意这一点。

在同一条街上有两个商店，它们一同开业，但是一年之后，一个倒闭，一个生意越来越红火。事实上，他们两家无论是从商店的环境，商品的质量，还是价格上来说，都是差不多的，唯一的区别，就在于售货员的态度不同。

第一家商店的售货员总是充满热情，顾客上门的时候笑脸相迎，热情地打招呼，当顾客询问产品或者价格的时候，售货员也总是不厌其烦地加以解释，顾客结账离开的时候，售货员也会说一句："谢谢光临，下次再来啊。"

第二家商店的售货员则总是一脸冰霜，好像顾客欠了他钱似的。顾客上门的时候也不招呼，顾客询问的时候，始终以那种冰冷的腔调回答，顾客结账离开之后，他也什么都不说。

现在，第一家商店越来越红火，第二家商店已经倒闭。

热情的语气让人如沐春风，冰冷的语气让人如堕冰窖。没有一个人会不愿意感受如沐春风的温暖，而去感受如堕冰窖的寒冷。所以，在与他人进行交谈的时候，我们一定要用热情的语气进行交谈。冷漠的语气总是那么不协调，在大家热情洋溢进行谈话的时候，我们突然来上那么一句冰冷刺骨的话语，就如同百花盛开的花园突来一股寒流，留下一地凌乱。

对于一些天生冷漠，或者因为一些原因而不愿意与他人进行交流的人，我们更应该用温和的语气打动他们。这个世上，从来没有一个人是天生的冷漠者，也没有人喜欢一辈子冷漠下去，只要我们有耐心，我们的温暖总会感化他们的心灵。

对于那些冷漠者来说，冷漠也许是他们保护自己的方式，当我们以柔软的语气向对方证明，我们并不会伤害他们的时候，他们的冷漠就会逐渐消失。因此，对于那些被冰雪覆盖心门的人，我们只能以温暖的阳光打开他们的心门。

这个世上谁都不欠我们的。我们没有必要对任何人冷言冷语，我们的冷言冷语会浇灭对方的热情，造成我们的人际交往障碍。如果我们能对每一个人以善意的语气进行交谈，那么我们就能拥有更多的朋友。

7. 语气傲慢，让人厌恶

对一个有优越才能的人来说，懂得平等待人，是最伟大最正直的品质。

——英国作家：理查德

某地一家房地产开发商的街头广告文案为：价格都不能承受，还谈什么生活享受。这则广告一经发出立刻引起了轩然大波，人们纷纷指责这家房地产商的傲慢。傲慢是最让人不能接受的，自己的傲慢是对他人的不尊重。傲慢源于一种自高自大，当我们把自己看得很了不起的时候，不自觉中就会将傲慢表现出来，而语言这个人际交往最重要的工具，就成了人们表现傲慢的重要载体。很多人说话的口气傲慢无比，让人非常厌恶。

一位公司的经理总是瞧不起自己的下属，每次与下属谈话的时候，总是优越感十足。在他的那个部门，每周都会有一次例会，在例会上，他总是不厌其烦地讲述自己光辉的历史，批评那些表现不好的员工。

这一天在大会上，他又开始重复每周必修的“功课”，底下的员工们各个昏昏欲睡。看到这种情况，这个傲慢的经理又开始发火：“你们在干什么，难怪你们老是在最底层，就你们这个样子，永远也上不去。”

有一个员工小声地嘀咕道：“你也比我们好不到哪里去，还好意思说。”

谁知这句话被他给听到了，他马上气急败坏地说：“你再说一遍试试，我是经理，就是比你们强，再说我开除你。”那位员工也恼火了：“你是经理怎么了，是经理你也没有权利随随便便开除我。”结果事情越闹越大，最后闹到了总经理那里。

在总经理那里，员工们纷纷地述说经理平时傲慢的表现，对下属的不尊重。他们纷纷表示不愿意再在这个经理手下工作。最后，在总经理的调节之下，事情以经理的道歉结束。

无论在地位上有多大的差别，人格是一样的，在与他人的交往过程中，我们必须把自己的优越感摒除掉，以平等的姿态与对方进行交流，只有这样，才能进行有效的沟通，才能形成良好的人际关系。傲慢的人总是得不到人们的喜欢，他们总是高高在上，说的每一句话都在抬高自己，贬低他人，试问，谁又愿意整天仰视，和一个高高在上的人来往呢。

语气傲慢是造成交际困难的重要原因，当我们用傲慢的语气与他人进行对话的时候，必然会让他人心生厌烦。信息的传达是在我们与对方的互动中完成的，当他人的信息传达到我们这里的时候，我们以一种傲慢的语气进行回复，必然导致信息的扭曲，引起他人的不快。

当我们以傲慢的语气与他人进行对话的时候，必然导致交流的困难，本来可以顺利进行的交流往往因为傲慢而中断。没有一个人愿意与一个傲慢的人进行交谈，因为傲慢的语气总是会伤到别人。

总而言之，在与人进行交流的过程中，我们一定要记住用平等的语气与他人进行对话，只有这样，别人才愿意与我们进行交流。

8. 永远不要把冷嘲热讽的口吻带出来

彬彬有礼的风度，主要是自我克制的表现。

——哈佛大学教授：艾默生

冷嘲热讽是影响人际关系的重要原因，当我们对他人进行冷嘲热讽的时候，不仅失去与这个人建立良好人际关系的机会，也同样会让身边的人远离自己。现实生活中，总有些人喜欢对别人冷嘲热讽，尤其是在别人取得成绩的时候，在一旁数说别人的不是。

别人取得荣誉是别人的事情，我们即便做不到真心祝贺，也不应该在一旁冷嘲热讽，诋毁他人。一个喜欢冷嘲热讽的人，本身的人品和素质就有问题，没有一个人愿意和这样的人交往。不要以为私下里说这样的话就没有事情了，所有听到我们说这种话的人，都会由此推测我们的为人，他们也担心会在某一天遭到我们的冷嘲热讽，所以那些听到我们冷嘲热讽的人也会远离我们。

林肯是美国历史上最著名的总统之一，但他出身卑贱，父亲只是一个鞋匠，为此，在他当选总统的时候，整个参议院的议员都感到尴尬。当时美国的参议员大部分出身望族，自认为是上流社会的人，优越感十足，他们从没想过自己会被一个“卑贱”的人领导。

于是，有很多参议员决心要羞辱他，其中，有一位参议员因此“名垂千古”。当林肯首次站在参议院的演讲台上时，这位态度傲慢的参议员站起来，用一种变调的语气说道：“林肯先生，在你开始演讲之前，我希望你记住，你是一个鞋匠的儿子。”

所有参议员都大笑起来，觉得自己狠狠地羞辱了林肯。

但林肯却不亢不卑地说：“我非常感激你使我想起我的父亲，他已经过世了，我一定会永远记住你的忠告，我永远是鞋匠的儿子。我知道我做总统永远无法像我父亲做鞋匠做得那么好。”参议院陷入一片静默，林肯又转头对那个傲慢的参议员说：

“就我所知，我父亲以前也曾经为你的家人做鞋子，如果你的鞋子不合脚，我可以帮你改正它，虽然我不是伟大的鞋匠，但是我从小就跟父亲学会了做鞋子这门手艺。”

然后，林肯继续说道：“对参议院里的任何人都一样，如果你们穿的那双鞋是我父亲做的，而它们需要修理或改善，我一定尽可能帮忙。但是有一件事是可以确定的，我无法像他那么伟大，他的手艺是无人能比的。”

说到这里，林肯泪流满面，全场爆发出雷鸣般的掌声。而那名参议员，则成了人们躲避的对象。因为他的嘴太臭了，大家不愿意和这样的人打交道。

事实上，每个人都想取得荣誉，当看到别人取得荣誉而自己什么都没有的时候，心里肯定是不好受的。但是这些感受都只能放在心里，而不能当众说出来，更不能因此而对他人冷嘲热讽，因为它会成为横在我们人际交往过程中的重大障碍。

别人的成绩和荣誉是他努力的证明，没有什么值得我们嘲讽的，我们要做的就是以他为榜样，努力争取，为自己赢得荣誉。即使别人真的通过一些其他的手段取得了成绩，我们也不能对他人冷嘲热讽。

无论我们冷嘲热讽的原因是什么，都改变不了冷嘲热讽给我们形象造成的影响，所以，我们永远不要把冷嘲热讽的口吻带出来，只有这样，我们才能和身边的每一个人都保持良好的关系。

9. 与地位不如自己的人说话，要充分表现你的尊重

尊敬别人就是尊敬自己。

——英国小说家、剧作家：高尔斯华绥

与人交流的目的是要让对方明白我们的想法，然后和我们达成共识，心与心交流走进对方心里才是真正的沟通。良好的沟通需要稳定的情绪和比较健康的心态以及对于沟通对象的尊重，外加一定的技巧和手段，这些构成了沟通不可或缺的要件，但首先要满足一个前提——尊重对方，沟通才能进行。

平等是一切人际交往的基础，任何失去了平等为前提的情感关系都不可能获得正常的沟通方式和沟通效果。所以，我们必须尊重对方，即便是与地位不如自己的人交谈，要真正把对方所说的话听进去，然后才能在互动的过程中恰当提出自己的见解。

尊重是一种礼貌，一个在人际交往中懂得去尊重别人的人必定会得到信任，在生活中体现对人的尊重也是一种艺术。人类是群体的动物，社交活动是人类不可或缺的。每一个人所说的每一句话，都带有某种信息；不管是职场中或是生活中，是想表达喜悦抑或愤怒，这一切都必须仰赖彼此的交流。而要进行有效的交流，就必须彼此尊重，这样才能事半功倍。在人与人相处

的时候，相互尊重是一个基础点，是一个人人际交往能力和素质的体现。

有一天，大文豪苏东坡与好友佛印和尚一起打禅。

佛印和尚就问苏东坡："你看我打禅像什么？"苏东坡想了一下，并没有回答，同时反问老和尚："那你看我打禅像什么？"老和尚说："你真像是一尊高贵的佛。"

苏东坡听了这一番话，心中暗暗地高兴。佛印和尚再次问道："换你说说看我像什么？"苏东坡心里想气气老和尚，于是就说："我看你打禅像一堆牛粪。"

佛印和尚听完苏东坡的话淡淡地一笑。苏东坡高兴地回家找家里的小妹谈论起这件事，小妹听完后笑了出来。苏东坡好奇地问："有什么可笑的？"苏小妹斩钉截铁地告诉苏东坡："人家和尚心中有佛，所以看你如佛；而你心中有粪，所以看人如粪。"

从一个人不尊重他人的言行中就能看出他的眼界和见识，因为人的心里想些什么，就会说出什么样的话，这正好反映出一个人待人处世的风范和内涵。而不懂尊重的人同时也成为别人讨厌的对象，运用言语讥讽人的人，必定得不到对方的尊重，也会失去别人的信任。一个良好的沟通应是建立在彼此尊重的角度，才能达到谈话的目的。

与人交流必须要懂得尊重，沟通的过程是基于相互尊重的基础之上收集正确的信息、给出好的信息和取得进展的过程。只尊重自己但不尊重别人会成为自大的人，没有人愿意与骄傲自大的人交往。对别人缺乏尊重会阻碍我们人际关系的发展。

因此，交流过程中的尊重标准是指，我们不尊重自己，没有人会尊重我们。其次，我们要尊重他人，要表现出对别人的尊重，同时赢得别人对自己的尊重，尊重是双向的。没有这一点，成功的交流是不可能的，别人也不可能给予我们好的信息。

每个人都希望得到别人的尊重，那么就要先学会尊重别人。很多人有地位、有权势，于是说话就趾高气扬，不可一世，总是将别人踩在脚底，不顾及别人的尊严。尊严是非常脆弱的，经不起任何的伤害，那些言辞锋利、不懂尊重的人，恐怕迟早要碰壁。

很多人自以为地位比别人高，成就比别人突出，就沾沾自喜，觉得自己有见解，有眼光，有口才。他们害怕没有机会表现自己，找到机会就滔滔不绝，把别人批评得一文不值。有的甚至不惜贬损别人来提升自己，根本就没有“给别人面子”的意识。这样做，只会招来怨恨，为自己树立更多的敌人，让自己难以心安。

学会尊重，就是在人际关系中尊敬别人，给别人以重要的地位，被尊重是每个人的一种权利，否则我们的交往将难以达到目的。在与人交流的时候要考虑别人的感受，特别是对待比自己地位低的人，千万不要摆架子、我行我素，在众人面前指责别人的错误，要考虑这么说话是否伤了别人的自尊心。

俗话说：“说者无心，听者有意。”时刻保持尊重，多替他人着想一下，这样别人才会真心和我们交往、沟通。

第三天

公共场合，控制好自己的一举一动

1. 要坐有坐相

坐有坐相，站有站相。

——中国俗语

小的时候，父母就常常教育我们说："要坐有坐相，站有站相。"可见正确的坐姿和站姿一样，都是十分重要的社交礼仪。在现代社会，姿态礼仪已经上升为我们的第二形象。试想一下，一个穿着得体、妆面精致的女士，如果坐姿粗俗、不得体，那她的形象仍然是非常失败的。

优雅的坐姿传递着自信、友好、热情的信息，同时也显示出高雅庄重的良好风范，符合端庄、文雅、得体、大方的整体要求。我们经常会见到一些不雅的坐法：比如两腿叉开，腿在地上抖个不停，而且腿还跷得老高，这时无论你穿什么样的衣服，都体现不出良好的形象。

在特殊的情况下，如果要坐到较高的座位上时，女士应该保持上身正直，始终挺胸抬头。如果不是十分严肃的场合，也可以将一条腿跷起来，交叉叠放在另一条腿上。女士坐椅子的时候一般坐到凳子的三分之一处，这样可以显得身材修长。

如果是座位偏低，就要保持优雅的姿势坐下。坐下后，上身要直，不要瘫到椅子上，手自然放在双膝上。如果穿着裙子，要用手把裙子向前拢一下，穿牛仔裤的时候，也不要把腿分开得很夸张，这样给人的感觉是俗，很没有修养。

男士坐的时候膝部可以分开一点，双腿的宽度不要超过肩宽，也不要半躺在椅子里。男士的双腿，在一般情况下不要夹得很紧，这样给人的感觉是有点女人气。

坐的时候，身体重心应该垂直向下，腰部挺直。要潇洒地走到座位前，转身后右脚向后撤半步，从容不迫地慢慢坐下，两脚应尽量平放在地，大腿与小腿成直角，然后把右脚与左脚并齐。

不管你是高的矮的，还是美的丑的，给自己一点信心，相信自己就是最有个性的，展现你的自信，给自己多加一分气质。

还有最重要的一点就是修养，要有内涵，千万别被人在背后说，那人看上去很有气质，但是脏话连篇。要记得：千万不要骂人，那样会毁了你所有的形象。

在公共场所我们尤其应该重视自己的形象，因为有许多双眼睛看着你，你的行为会直接影响到他们对你的印象。

在绝大多数情况下，人们在处理公务、工作应酬时，都是坐着的。与立与走相比，白领坐着的时间或许要长得多，所以文明、优雅的坐姿，理当是白领就座时最好的选择。对白领坐姿的原则性要求是坐得端正、文雅、得体、大方。具体来讲，对白领落座，坐定后的姿态以及离座时的问题，都有明确的规定。

白领在落座时，应以礼为先，切勿抢在来宾、上司、客户、女士之前入座。坐下来的时候，不要“大起大落”，不要因此发出令人心烦的声音。另外，一般不宜席地而坐。女士在落座时，需要先大方地用手将裙子的后部向前拢一下，但不宜将裙子下摆东撩西扇，也不允许当众整理服饰。

坐定之后，可慢慢调整一下自己的姿势。若非一人独处休息，就不要将椅面坐满，也不要仰在椅背上。在他人面前，不“满座”，是谦恭的表示；而不靠椅背，也是不想给人以“正在休息”之感。

坐的时候，上身应当挺直，并目视交往对象。上身不要佝偻“塌方”，眼睛不要四处游离。双手可十指交叉，平放在腿上、桌子上，也可以用一只手搭在另一只手的手背上，然后再将它们放在腿上或桌子上。不要将双手“平均使用”，一条腿上各放一只手，不要将双手夹在大腿之间或是以之抚弄小腿、鞋袜，甚至去挠痒痒；不要将双臂端在胸前或是抱在脑后；也不要故作“若有所思”状，时不时地以手指敲打桌面或椅子的扶手。

坐在桌子后面会晤他人时，手应当放在桌上。手不要在桌下乱摸，插在衣袋里，玩弄笔和纸等其他物品；或是十指交叉后，以双肘支在桌面上。面对异性时，要注意不要双手托腮。

最影响他人对自己坐姿观感的，恐怕算是人们坐下来之后的腿位和脚位。坐在他人对面，而且双方之间没有障碍物可以遮挡腿部时，女士们务必要双腿并拢。具体来说，可以采取双腿垂直式、双腿斜放式、双腿叠放式、双腿前后式、双脚交叉式、双脚内收式等多种文雅、优美的坐姿。

2. 站姿礼仪，给男生、女生不同的建议

站姿优美与否，可使人看上去比实际年龄年轻很多或者老很多。

——约翰.罗伯特能力学校东京校区校长：清水彰子

由于美容技术的快速发展，帅哥、美女越来越多，但这还仅仅停留在漂亮的初级阶段。仪态的美更是不容忽视的。试想，脸蛋再漂亮，人走起路来如果含胸驼背，也体现不出美感。

站立是人们生活交往中的一种最基本的举止。男士要求“站如松”，刚毅洒脱；女士则应秀雅优美，亭亭玉立。训练符合礼仪规范的站姿，是培养仪态美的起点，其动作要领也是培养其他优美仪态的基础。

男士的正确站姿应该是：站立时缩回下颌，伸长后颈，挺起胸部，挺直背部，收缩小腹，双肩后拉，双腿对称平衡，两只脚的脚踝紧靠在一起。

此外，为了避免让人感到不自然或拘束，男士可以选择开放式的姿势：眼睛直视前方，抬头挺胸，两脚分开约与肩同宽，这样还会给人一种坦率自信的感觉。毕竟，男士站立的正确姿势不但应该自己觉得舒适，而且应该给人一种稳重的信赖感。

但是，很多男士在站立的时候，还是会有很多不良姿势或者错误的习惯，比如，会将双手插在裤兜里面，双手胸前环抱，这都是错误的动作。当然，如果是在讲演，因为感觉很紧张偶尔将右手或左手插入裤兜是可以的，但长时间将手置于裤兜中的站立，会给人轻率、不够庄重、没有礼貌的感觉。

女士在站立时应当做到挺、直、高。女士站立时身体各主要部位要舒展，不能垂头，颈不能曲，肩不能耸，胸不能含，要给人一种亭亭玉立的挺拔之感；站立时脊柱这根中枢轴要尽量和地面保持垂直，要做到微收下颌，微挺前胸，微塌下腰，这样可以给人笔直的印象；要使身体重心提高，在站立时不宜将腿分得过开，腰背不宜弯曲。身体重心较高的人常常给人一种激越、活跃的感觉，而身体重心过低常常给人造成一种行动不便的感觉。对于女性这不仅仅是一种美，更表现的是一种对场合的尊重与自信。

大家在注重站姿的时候也要注重仪表、服饰。

仪表是指人的容貌，是一个人精神面貌的外观体现。一个人的卫生习惯、服饰与保持端庄、大方的仪表有着密切的关系。

清洁卫生是仪容美的关键，是礼仪的基本要求。不管长相多好，服饰多华贵，若满脸污垢，浑身异味，那必然破坏一个人的美感。因此，每个人都应该养成良好的卫生习惯，做到起床入睡洗脸、洗脚，早晚饭后勤刷牙，经常洗头又洗澡，讲究梳理勤更衣。不要在人前“打扫个人卫生”，比如剔牙齿、掏鼻孔、挖耳屎、修指甲、搓泥垢等，这些行为都应该避开他人进行，否则，不仅不雅观，也不尊重他人。与人谈话时应保持一定距离，声音不要太大，不要对人口沫四溅。男女生都是如此。

男生在整理仪容的时候，要清洁大方。不要和女生一样，或弄得比女生都香。这样的效果会适得其反。

服饰反映了一个人文化素质之高低，审美情趣之雅俗。具体说来，它既要自然得体，协调大方，又要遵守某种约定俗成的规范或原则。服装不但要与自己的具体条件相适应，还必须时刻注意客观环境、场合对人的着装要求，即着装打扮要优先考虑时间、地点和目的三大要素，并努力在穿着打扮的各方面与时间、地点、目的保持协调一致。

3. 众目睽睽之下，女人不可低头撅臀去拾东西

下蹲时，应使头、胸、膝关节在一个角度上，使蹲姿优美。

——雅斯礼仪培训

大街上、商场外、拥挤的地铁通道里、来来往往的行人中，我们总会看到有些女士不顾左右地捡起那个属于自己的东西。头压得很低，臀部翘得很高。先不说别的，给人的第一感觉就是不雅。

心理学家的研究成果证明：人际交往中的实际效果，只有约20%的部分由语言所决定，而另外约80%的部分则是由人的举止、动作、姿势、体态等所决定的。

几乎全部的女人都不想让自己没有气质、形象差，在外人看来显得不够淑女、没有修养。

女人要提升自己的气质，除了穿着得体，说话有分寸之外，还要不断提高自己的知识品德修养。而在众目睽睽之下，低头撅臀，是一种损害形象、贬损气质、没有修养的行为。

女人在大街上去捡东西时一定要注意，不要把头压得很低，头压得很低时，上身弯曲，腰间的弧度就会增大，会产生不雅的风景。

女人捡东西的时候，不屈膝、臀部翘得很高，也是不雅的。

女人捡东西时，应该保持上身的直立，屈膝、微蹲，然后颈部也保持直立。这样会给人以美观、大方的感觉。

不要忽视自己给初次见面的人留下的印象，这也许将会是持久而不会轻易改变的。而且，人与人交流的礼仪其实是十分繁杂的，如果因为一时粗心，第一面就给对方留下一个“不雅”的印象，尤其是经常参加社交活动的人，必然知道第一印象在社交礼仪中的重要性。为了最完美地表现自己，把最佳的第一印象留给别人，就要在仪表、仪容、言谈举止等方面多多注意。

所以，女人不要小看捡东西的姿势，这个姿势美与不美，直接关系到自

己的形象，就像维纳斯，不用任何语言，就能给人一种说不出的美感。但在生活中，经常有一些女人会做这样的事，站在陌生人的面前或在公共场所时，突然在不经意间做了一个低头撅臀去拾东西的动作，这会让自己的形象大打折扣。

4. 遇到熟人，要主动打招呼

礼貌经常可以代替最高贵的感情。

——法国作家：梅里美

生活中常常有一些人，遇到熟人、遇到上司、遇到班主任，总是低着头，从另一个方向走，装作根本没有看到的样子，这种行为是很没有礼貌的。

也有很多人会说，不就是随便聊聊吗，有什么难的，谁不是张口就来？但事实上，打招呼远非那么简单，它是交谈双方相互之间建立信任的基础，不是轻描淡写的问候，而是一种必要的沟通。

打招呼的常见类型，一般有问候型、攀认型、关照型。

问候型：是指一些问候语，较为典型的说法是“你好”“很高兴能认识您”“见到您非常荣幸”。比较文雅一些的话，可以说“久仰”，或者说“幸会”。还有一些貌似提问实际上只是表示问候的招呼语，如：“上哪儿去呀”“吃过饭了吗”“怎么这么忙啊”，等等。

攀认型：是抓住双方共同的亲近点，并以此为契机进行发挥性问候，以达到与对方顺利接近的目的。如：“你是上海人啊，说起来，我们算是半个老乡了。虽然我出生在北京，但是我母亲是出生在上海呢。”“你的家乡在昆明？四季如春的城市，是我做梦都想去的地方。”像“自己喜欢的地方”“同乡”“自己认为的人间好去处”“自己向往的地方”等都是与人交流的话题。

关照型：主要是在寒暄时要积极地关注对方的各种需求，在寒暄过程中要不露痕迹地解决对方的疑问或困难。比如，听说对方准备去某个景点旅游，他一定会关心那里的天气、景点门票、路况等，你就可以从这些他感兴趣的地方谈起。如果你恰好去过那里，那就更好了，你可以介绍当时自己去时的一些实际情况，以自己的亲身经历告诉他，哪些景点需要注意什么，哪里的饭菜既实惠又便宜等。

总之，寒暄语不一定有实质性内容，而且可长可短，需要因人、因时、因地而异，但通常应该简洁一点，还要表达出对别人的友好与尊重。寒暄语应当删繁就简，不要过于程序化，对待对方要真诚。此外，寒暄语应带有友好、敬重之意，既不容许敷衍了事般地打哈哈，也不可用以戏弄对方，让对方对你产生反感情绪。

5. 洗手间里也要讲究礼仪

礼仪不是存在于某个特定场合，而是每一个场合。

——礼仪界名言

洗手间是我们天天要去的地方，在公共场合下，我们在使用洗手间时就必须要遵守相关的礼仪，否则就会影响下一位的使用，而且对自身的形象也是一种损害。

有人说，洗手间是最能体现出文明程度的一个场所，这话一点不假。因此，我们大家都应该做到以下方面。

当公共洗手间的人比较多时、洗手间均被占用时，我们就得靠排队来维持秩序。排在第一位的自然拥有优先使用权。

注意保持洗脸池的清洁，不留脏水和污物，不要随手拿走洗手间里备用的手纸或随意浪费手纸。走出洗手间之前，应把衣饰整理好。不要一边系着裤扣或者整理着衣裙一边往外走，这样会显得很不雅观。

我们使用自家的卫生间时，干净卫生，那么对于公共场合的洗手间也应一视同仁。在使用时请尽量小心，若有污染也尽可能地加以清洁。

有些人如厕习惯不良，又不去善后，这就难以保证下一位使用者的使用。另外，女性用品也千万别顺手扔进马桶中，以免造成马桶堵塞。还有蹲在马桶上、大量浪费手纸以致后来者无纸可用等都是不妥的。只要心中为下一位使用者想一想，很多事你都会自然而然地考虑后再做了。

方便后一定要冲水。用过后，不要一走了之。通常若后面无人排队的话，用完洗手间后不必把厕所门关好，应该留下一些缝隙，让后来者不需猜疑就可以知道其中一定是空的。

与人方便就是与己方便。在上洗手间的时候，多想想别人，这些礼仪做起来也就轻而易举了。

洗手间对于女孩子来说，不仅仅是一个解决内急的场所，也是一个很好的“救难所”。一般来说，女孩子在外出需要补妆或者缓解衣服被弄脏的尴尬时，一般都会选择洗手间。而是否了解和讲究洗手间礼仪，也可以从一个侧面反映一个女人的文明素质与修养。

生活中，经常会出现一些女孩子由于慌张或者其他原因而误入男洗手间的尴尬。这对于一个二十几岁的女孩子来说，无疑是最大的难堪，所以，为了避免出现最根本的失误，造成太大的尴尬，我们在进入洗手间时，首先要稳定情绪，认清方向。其次，要认清洗手间上的标志。这是很重要的，因为有不少国家和地区对于洗手间的标志都不相同，所以这也是导致女士误入男洗手间的重要原因之一。

国际上最通用的洗手间标志是“WC”。另外，常用的标志还有Toilet（盥洗室），Wash room（洗手间），Lavatory（厕所），Bathroom（浴室），Restroom（休息室）和Comfort Station（休息室）。男洗手间的标志有Men's Room，Gent's，Men，Gentlemen。女洗手间的标志有Women'room，Ladies'，Women Powder room（化妆室）等。

除文字外，一般来说，洗手间还有图画标志。男女洗手间通常以男人和女人的头像分别作标志。此外，女洗手间的标志还有穿裙子的女士、丝巾、高跟鞋、皮包等；男洗手间的标志还有穿西装的男士、帽子、烟斗、长裤、领带等。如以颜色区别的话，红色的为女士洗手间，蓝色的为男士洗手间。

出入洗手间时不要用力过猛，将门拉得大开或者撞得很响。在洗手间里的时间不应太长，使用洗手间时应自觉保持洗手间的清洁卫生。不要在洗手间里信笔涂鸦或者书写自己的心情，这是不文明的行为。

在国外使用洗手间的时候就更应该多加注意了。一般来说，欧洲的一些国家，上洗手间是需付小费的，客气一点是在出口处的桌子上摆着一个浅碟子，使用完毕可以随意放置一些硬币、零钱等当作清洁费。非常遵守规矩的地方，则在入门处清楚标示使用卫生间的费用，付费后，看守者才会替你打开厕门。还有一些地方是采用投币的方式，即在入口设有自动投币机门，投下一个硬币，旋转栅门就可以开一次。这些都要在进入洗手间之前了解清楚，切不可用力拉扯厕门。

在国外，大部分厕所都有烘手机、毛巾和纸巾擦手，这是专为洗手后准备的。中国大都市里这些装备也都有，不过不少人却对此视而不见。有些人习惯洗手以后一边走路一边甩动双手。请注意千万不要这样做，这样会把地板弄湿。在湿的地板上踩进踩出，地板很容易就会变脏。

6. 别旁若无人地化妆

距离产生神秘，神秘产生美感。

——中国俗语

这个世上本就没有十全十美的人，任何人或多或少地都会有缺陷。而相对于一些爱美的女孩子来讲，化妆的确是个能补填缺陷的好办法，但是化妆是一种个人隐私行为，如果在公共场合修饰或化妆，难免会引人侧目。为此，女人须知公众场所化妆一定要有度。

俗话说得好："距离产生神秘，神秘产生美感。"如若你把自己的整个化妆过程都暴露在他人面前，那么你的神秘感又何在？对方心里只会感叹一声"原来如此"，这样你的美丽也会瞬间遭遇打折。

在中国有这样一种传统思维，叫作"避人"，就像古代的女子为什么不在丈夫面前更衣一样，一个女人在公众场合要懂得将你的"隐私"隐藏起来。

王影因为头天单位工作忙睡得晚，第二天起晚了，因分公司有重要客户拜访，起来后没来得及化妆就去赶汽车，她把化妆品收拾一下，打算在坐车的途中补下妆。

坐上公交车了，她把化妆品从包里拿了出来，就开始对着自己的小化妆镜在脸上涂涂抹抹起来。车上旁边的人见状都侧目，只见王影又是上粉底，又是涂眼睫毛，整个眼睛都快凸了出来，周围的人都憋在心里暗自发笑。

车到站后王影急忙往公司奔去，见到客户王影不禁愕然，客户居然是坐公交车时站她旁边看她化妆的人。客户半开玩笑地说："刚刚在公交车上，我还真怕司机一个急刹车呢。"搞得王影脸一下红了。

常常可以看见一些女士，她们不管身在何处，只要有点闲暇时间，便会掏出化妆盒来，一边"顾影自怜"，一边旁若无人地开始了涂描。维护自己的形象当然是好的，但如果不注意修饰避人，便会显得缺乏教养，很没素质，在某种情况下还如同当众出丑。所以，如果你万一脱妆了，应该避开他人的视线，在无人处进行补妆。

那么说到化妆，我们究竟应该注意哪些问题呢？怎样做才是正确的？

（1）不要在他人面前化妆

化妆的目的是美好的，但化妆的过程还是隐秘一些比较好，如果当众化妆、补妆的话，那么只会让别人对你的美感减少。

（2）不要非议他人的妆容

由于文化、肤色等差异，以及个人审美观的不同，每个人化的妆不可能是一样的。切不可对他人的妆容评头论足，况且随便地评头论足是对他人的不尊重。

（3）化妆要视时间场合而定

在工作时间、工作场合只能允许工作妆（淡妆）。浓妆只有晚上才可以用。外出旅游或参加运动时，不要化浓妆，否则在自然光下会显得很不自然。

（4）化妆要自然大方

我们不是大明星，不用天天对着闪光灯，所以没有必要化舞台妆。有的人总是浓妆艳抹，甚至不管出席什么场合，都搞得香气扑鼻。“清水出芙蓉，天然去雕饰。”化妆的基本要求是自然。而且在一些较为庄重的场合，浓妆艳抹也非常缺乏素质教养，有失礼仪。

（5）不要借用他人的化妆品

每个人的化妆品都会沾染自己的皮脂，如果时常借用他人的化妆品，那么很可能会导致皮肤过敏，因为每个人的肤质不一样，混乱使用化妆品不仅不卫生，对别人来说也是非常不礼貌的行为。

所以，我们化妆一定要遵守礼仪规范，否则就会弄巧成拙。如果真正需要化妆时，可以到洗手间去整理一下，给自己和他人一点“神秘空间”，这样在别人的眼中看到的才会是一个永远魅力无边的你。

7. 乘坐轿车的礼仪

乘车的礼仪是商务礼仪的重要环节，正确地安排座次是一个大学问。

——商务礼仪名言

随着现代交通的发达，乘车出行是很经常的。不管是因公外出，还是私人驾车外出，我们都要遵从一定的乘车礼仪。其实，只要回顾过往，我们就可以发现，这些礼仪从车辆被发明的那天起，早就已经被我们运用到实际生活中来了。

根据不同的车型，不同的安全、舒适、方便等因素，人们把车座按照一定的尊卑、主次区分开来。当我们乘坐轿车时，虽然距离抵达目的地的时间很短暂，但是仍旧要保持风度，并且以礼待人。驾驶者不能因为过于追求速度而忘乎所以，乘车人也要按照一定的顺序入座，这样才能让旅途顺心、安心。那么，具体来说，我们应该注意哪些方面呢?

（1）轿车的类型

上述方法，主要适用于双排座、三排位轿车，对于其他一些特殊类型的轿车并不适用。对于像吉普车和其他多排座客车，它们座次的尊卑又各有一些不同。

吉普车，简称吉普，它是一种轻型越野轿车。它大都是四座车。不管由谁驾驶，吉普车上座次由尊而卑均依次是：副驾驶座，后排右座，后排左座。

多排座轿车，指的是四排以及四排以上座次的大中型轿车。其不论由何人驾驶，均以前排为上，以后排为下；以右为尊，以左为卑；并以距离前门的远近，来排定其具体座次的尊卑。以一辆六排十七座的中型轿车为例，其座位的尊卑依次应为：第二排右座，第二排中座，第二排左座，第三排右座，第三排中座，第三排左座，第四排右座……

（2）座位的安全性

这一点几乎每位驾车人和乘车人都应该明白，从客观上讲，通常后排座比前排座要安全得多。最不安全的座位，当数前排右座（驾驶座旁）。最安全的座位，则当推后排左座（驾驶座之后），或是后排中座。

有鉴于此，一般不应让女士坐于专职司机驾驶的轿车的前排座，孩子与尊长也不宜在此座就座。在许多城市，出租车的副驾驶座经常不允许乘客就座。其实也是出于安全考虑。

（3）根据不同车型安排座次

在一般场合中，我们对座次的安排没有特别的讲究。如果是出席正规的场合，那么我们就一定要把座位的尊卑分清楚。轿车上座次的尊卑，从礼仪上来说，主要取决于下面几个因素：

驾驶轿车的司机，一般可分为两个人：一是主人，即轿车的拥有者，二是专职司机。如果是由主人亲自驾驶轿车时，一般前排座为上，后排座为下；以右为尊，以左为卑。

以双排五人座轿车为标准，座次由尊而卑应当依次是：副驾驶座，后排右座，后排左座，后排中座。

以双排六人座轿车为标准，座次由尊而卑应当依次是：前排右座，前排中座，后排右座，后排左座，后排中座。

以三排七人座轿车（中排为折叠座）为标准，座位由尊而卑应当依次是：副驾驶座，后排右座，后排左座，后排中座，中排右座，中排左座。

在三排九人座轿车上，座位由尊而卑应当依次是：前排右座，前排中座，中排右座，中排中座，中排左座，后排右座，后排中座，后排左座。

另外，我们要记住副驾驶座上一定不能为空，如果开车是男主人，那么旁边就一定要坐女主人。由主人驾车送其友人夫妇回家时，由友人之中的男士，坐在副驾驶座上，与驾驶者相伴。

由专职司机驾驶轿车时，通常仍讲究右尊左卑，但座次同时变化为后排为上，前排为下。在双排五人座轿车上，座位由尊而卑应当依次为：后排右座，后排左座，后排中座，副驾驶座。

在双排六人座轿车上，座位由尊而卑应当依次为：后排右座，后排左座，后排中座，前排右座，前排中座。

在三排七人座轿车（中排为折叠座）上，座位由尊而卑应当依次为：后排右座，后排左座，后排中座，中排右座，中排左座，副驾驶座。

在三排九人座轿车上，座位由尊而卑应当依次为：中排右座，中排中座，中排左座，后排右座，后排中座，后排左座，前排右座，前排中座。

（4）嘉宾的本人意愿

通常在正式场合乘坐轿车时，应请尊长、女士、来宾就座于上座，这是给予对方的一种礼遇。然而，更为重要的是，与此同时，不要忘了尊重嘉宾本人的意愿和选择，并应将这一条放在最重要的位置。

8. 上下电梯，不要成为拦路人

乘坐电梯是日常生活中的一件小事，在商务场合中却蕴含着许多的礼仪规范。

——商务礼仪名言

每天上下班乘坐电梯，几乎成了上班族的“家常便饭”。可是，不少人都有关于电梯的“不愉快记忆”，要么被电梯夹过，要么没有赶上得等下一趟，偶尔在无意中还成了电梯中的“拦路人”碰上一些尴尬事……

在人来人往的电梯门口，我们也要学会做一个有素质的人。尤其是人多而且又特别挤的时候，良好的素质不仅能显现出你的教养，而且还能为你的形象添光加彩不少。

乘坐电梯时的基本礼仪有：当电梯门口处已经有很多人在等候时，那么请不要拥挤或者挡住电梯口，以免挡住电梯内的人出来时没有过道。当电梯抵达时，应该先让电梯内的人出来后才能进入，不要争先恐后，要有次序地进出。

离电梯最近的人应该先进入电梯，然后为后面的人按住开门的按钮；当要出电梯的时候，靠电梯最近的人先走。

男士、晚辈或下属应站在电梯开关处提供服务，并让女士、长辈或上司先行进入电梯，自己再随后进入。与客人一起搭乘电梯时，应为客人按键，并请其先进出电梯。

在电梯里，尽量站成“凹”字形，挪出空间，以便让后进入者有地方可站。

进入电梯后，应面朝电梯口，以免造成面对面的尴尬。另外在前面的人应站到边上，如果必要应先出去，让别人出去后自己再进来。

即使电梯中的人都互不认识，站在开关处者，也应做开关电梯的服务工作。

另外还有一些事项也是我们在乘坐电梯时应该注意到的礼仪：

首先，当我们按电梯按钮时，轻触即可，不用反复按。

其次，通常每个电梯里都有超重装置，当警报铃响的时候，说明已经超出了承重范围，那么最后一个上电梯者要自动退出，等待下趟，否则就会遭来他人的厌恶。

最后，电梯这个特殊的空间使陌生的人都进入彼此的亲近区，这会令人在心理上、生理上都感觉到不适。因此，我们一定要注意保持身体平衡。不要在人多的时候还忙着整理你的衣服、头发，甚至化妆，否则，不管是无意中触碰到了他人，还是化妆品的香味，都不会让其他人对你产生好感。

其实，在乘坐电梯时还有许多细节需要我们注意。比如，遇到同乘电梯的人不方便按电梯楼层数字键时，离数字键较近的人只需动动手指、就能帮助他人解决问题，这种举手之劳的事不仅会换来相互间的尊重，也是文明交往的体现。

第四天

礼 仪 训 练 仅 需 10 天

注重细节，不可不知的12种沟通礼仪

1. 常使用礼貌用语

礼貌待人不仅能表示对别人的尊重，而且还能显示自己的修养。

——礼仪界名言

礼貌用语和礼仪是人们在平时交往中，彼此表示尊重和友好的行为规范，也是我们每个人都应该遵守的礼仪规则。在日常生活中，尤其是在一些典型的社交场合，学会使用礼貌用语是非常重要的一件事情。

礼貌待人不仅能表示对别人的尊重，而且还能显示自己的修养。所以多用礼貌用语，不仅有利于双方融洽气氛，而且还有益于交际。通常情况下，“请”“谢谢”“对不起，劳驾……”等都是人们在日常生活中最常用的礼貌用语。

（1）“谢谢”为常用

凡是为你服务过，帮助过你的人，无论对你的帮助是大是小，你都要说声“谢谢”，这是对别人给予帮助的肯定，同时也是你作为接受帮助后的一种礼貌回应。

有时，在一些公交车上，售票员会特别关照某位老年乘客，请年轻一些的乘客为其让座，而受到照顾者也应该用“谢谢”两字给予回应。毕竟礼貌是双向的，而且也只有双向的礼貌才具有真正的意义。因此，当别人表达出谢意时，你一定要记得回敬一句“不用谢”，以尊重对方。

不过，我们要注意的是：在美国，为一件事道谢，只谢一次就足矣，绝不能为同一件事不断道谢；在中国，为一件事道谢，可以谢了又谢，“一再致谢”表明谢意之真诚，这是中国人的言谈礼仪。

（2）万事“请”为先

在西方一些国家，“please（请）”是经常会用到的一个请求语。而在我国的日常生活中“请”字更是不绝于耳。当一个人有了困难需要帮助的时候，总是“请”为先。这个字不仅仅是一种客套，更是一种谦让的态度。

中国自古以来都以“自谦”为敬，而“请”字也是常用的一种社交礼仪。当然这个字也并非只适用于普通的社交中，很多时候，它还可以应用于更加亲密的人之间。例如，在一些中国家庭里，也常常可以听到“请给我倒杯茶”“请把工具递给我好吗”。总之，不管何时何地，也不管何人何事，只要你需要别人帮忙时，就必须先说“请”。

（3）“对不起”不离口

无论何时何地何事打扰别人，都应说声“对不起”或者“劳驾”。因为此刻你可能打乱了别人的时间步伐或者干扰到别人的生活轨迹。出于对别人的尊重，这个时候说声“抱歉”是必要的。而且万一有事情需要别人让步，那么也应该客气地说一声“劳驾”，这样方能显得礼貌。

在国外，甚至常常有这样的情形，即两人迎面而过，其实相距甚远，根本不会碰撞，但必有一方会说“对不起”，而另一方连忙说“抱歉”，然后彼此道声“多谢”，各行其路。简言之，当一方说“对不起”时，另一方也应用“对不起”“没关系”“抱歉”之类的礼貌用语来应答，以示相互尊重、相互谅解。

其实，生活中的文明礼貌用语除上述这些以外，还有很多，如“您好”“我可以……”“再见”“欢迎光临”等。关键是我们知道了这么多的礼貌用语后，一定要巧妙恰当地应用它们，这样才能达到良好的效果。

2. 问候的话要因人而异

问候的语言有很多，最重要的不是你说了什么，而是那份主动的态度。

——礼仪界名言

关于“问候”的话语，估计谁都会说几句，毕竟短短的几句话和几个词，从我们牙牙学语到如今运用得炉火纯青，可以说已经是习以为常。但是在这些看似最为普通的问候语中，我们也应该注意，问候的话其实也应该对人对事，不是随便就能出口的。

俗话说，“十人十个样，一百个人一百个样”，即使是同一个人由于时间或者场所的不同，对方用同一种言语问候、谈话，也会表现出不同的反应。所以，问候的话语必须符合对方当时的心情，因为如果问候不对，就如同用不对的钥匙开门一样。

下面我们就根据不同人的性格来说明一下不同的问候方式：

服从型：这类人通常几乎都没有自主性。因此，对于这种类型的人，以日常“您好”“早晨好”等问候为主去打招呼即可。

算计型：通常这种人以自己的利益为中心进行思考，然后才会决定服从与否。因此，对于这种类型的人，应该采用一些能让他思考的问候语。

民主型：民主型的人通常性格都比较和蔼，所以对于这种人我们问候就可以比较随意，不用挖空心思去想什么。

独立自主型：这种类型的人通常都是比较自立、好强的。对于这种类型的人，一般的问候就可以了，但必须带有敬重的成分。

排外型：这种人通常性格都比较内向，而且很多时候都是孤单一人。对于这种类型的人，我们一定要热情并且耐心地反复打招呼为好。

权势型：这类人具有对上阿谀奉迎，对下作威作福的独裁者倾向，因此问候时应充分体现出对对方的尊重。例如：“股长，不好意思，为了科长的工作要出差，这件事情请您多关照”“早上好，昨天……很是感激。您的身体健康情况怎样”，等等。

另外，除了针对不同的人用不同的问候语外，我们还应该学会在不同的境况中，巧妙地运用一些言语，例如：

尊称与谦称：阁下、仁兄、贤弟、令尊、令堂；

同情的语言：太忙了、不得了啦；

慰问的语言：辛苦了、受累了、麻烦了；

致谢的语言：多谢、感谢、破费、费心、拜谢；

挂念的语言：身体好吗、怎么样、不妨碍的话；

拜托的语言：关照、承蒙关照、拜托、劳驾、麻烦、鼎力；

赞赏的语言：太好了、真棒、太美了；

询问的语言：贵姓、尊姓大名、贵庚、高寿、青春几何；

谢罪的语言：对不起、实在抱歉、劳驾、过意不去、不大合适、失礼、请原谅。

上面的这些言语虽然也有单独使用的，但如果同日常问候用语结合起来使用，可以得到更好的效果，使对方迅速做出预期的反应。要不断地使用这些问候语，直到很熟练，才能遇到任何情境都能及时使用相关恰当的问候语。

通常情况下，短短一句问候语，看似简单，实则是打开友谊之门的钥匙，因此我们一定要学会正确恰当地运用它们，这样我们才会受到众人的欢迎。

3. 永远不要信口开河

君子慎言。

——中国古代思想家、教育家、儒家思想创始人：孔子

孔子曰："君子慎言。"然而有很多人在人际交往中，总是喜欢显摆自己，不管知道与否，总是喜欢随便地胡诌一通。其实，与人交流是为了尽量正确地表达自己的思想和意见，而不是光图嘴巴痛快。况且一再地信口开河，只会让你的信誉度在别人面前打折。

一个人如果处世历练得越深，那么他的言谈举止就会越"慎"。通常情况下，一个人如果口不择言、举止无度，那么恰恰说明了此人没有多少阅历。由此看来，做人越成功，就越需要保持低调，越需要保持谦卑，越需要谨言慎行。俗话说"众口铄金"，如果言语不慎重，对别人来说轻则造成间隙，重则遭到敌视。

古语说："立言有六禁，不本至诚，勿言；无益于世，勿言；损益相兼，勿言；后有流弊，勿言；往哲已言，勿袭言；非吾力所及，勿轻言。"人际交往中切不可信口开河，即使有人对你亲切有加，有人对你敬而远之，在不清楚别人的心理定位时，千万不能轻信你的直觉，随便乱说话。一个人在说话前应该懂得三缄其口，应该说的话则说，不应该说的话绝对不能说，这样才能避免因为乱说话而捅下娄子。

特别是在人削尖脑袋追求自己最大利益的职场，即使是在相处很好的同事面前也不要信口开河，否则会招来不必要的麻烦，影响自己的升迁和发展。

张伟在一家国营单位上班，小小的办公室里就五个人。这天，新来了一位实习生小李，正好坐在张伟的旁边，所以，主任要求张伟多带一下她。

因为对方是个新人，所以有很多的问题需要张伟指导，张伟也少不了指点她几下。实习生小李对张伟的关心也很感谢，总是一口一个张哥地叫着。

工作忙起来的时候，张伟中午连饭都顾不上吃，经常一个人在办公室里吃泡面。实习生小李发现了以后，经常会提前悄悄地给他带一些饭菜，再出去吃。张伟也没觉得有什么不合适的。

这天，实习生小李又给他带了饭。张伟正吃着，有一个同事提前回来了，看到张伟桌上的饭菜，很是吃惊，问道："张伟，没见你出去打饭啊，自己带的？"张伟没有多想，顺口说道："是我们新来的漂亮的女大学生给送的。”同事“噢”了一句就走了。

没想到不久以后，就传出了张伟和实习生小李的绯闻。在这种国营单位里，这种事具有很大的杀伤力，正在努力准备评职称的张伟自然失去了机会。

俗话说“祸从口出”“东西可以乱吃，话不可以乱说”。因此，管好自己的嘴巴才能说明你是个聪明人，也就是说我们随时都要注意切勿信口开河。一个人只有知道了自己的嘴巴什么时候应该关闭，这样才不会被嘴巴连累，吃“一吐为快”的亏。言辞谨慎，滴水不漏，这才是为人处世的智慧。信口开河者，不仅暴露了他们的肤浅，也让人看清了他们的用意。

言语作为人际交往的主要手段，如果不能有所节制，那么这个人就毫无秘密可言，而且非常容易得罪别人。只有谨慎说话，每句话都井井有条，将自己的见解和意识清楚、委婉地表达出来，并且符合实际情况，又措辞得当、有所保留，能够说明主要情况又不显得唐突，这样才能与人无咎。人际交往，最忌信口开河说大话，一个说话没有任何论据的人，没有任何人会尊重你的意见。

4. 知道的不用全说，但是一定不要说假话

不要说假话，要说真话。假话全不说，真话不全说。

——国学大师：季羡林

俗话说“话满则溢”，在说话的时候，我们一定要学会给自己留下一些底牌。国学大师季羡林曾经说过：“不要说假话，要说真话。假话全不说，真话不全说。”

在人际交往中，有些话可能自己知道，但是却不能说出来。在处理较为复杂的非原则性问题时，我们应该学会把话说得灵活而有伸缩。但对待一些原则性的问题，就应该坚持原则，实事求是，做到是非分明。

正所谓，说出的话如同泼出去的水，不可能再收回来，为此，我们一定要谨言慎行。

张力刚入职一家公司，因入职时间不长，很少有人关注到这个新来的员工，于是，张力就想多表现一下自己，经常有意无意地在与同事的交谈中透露一下自己认识的“大人物”，身边的同事也表现得非常羡慕，这让张力非常满足。

有一天，部门主管把他叫到办公室，对他说：“听说你认识某个公司的老板，公司刚刚安排了一项业务，正好需要与那位老板接洽一下，想让你用自己的私人关系从中斡旋一下。”

张力没想到弄巧成拙，只好硬着头皮答应下来。其实张力并不认识这位老板，后来实在没有办法，只能百般推脱，用各种理由说自己联系不到那家公司的老板，最后同事们也猜到，之前可能他说的都是假话，于是对他疏远起来，张力也没有面子继续在公司待下去，没过多久自己就提交了辞职信。

说谎其实是最没效率而且最费事的行为。也许生活中没有人会是真正绝对的诚实，但人际交往中切记不可欺骗他人。因为当我们对某一个人说谎的时候，还会有第三者冷眼旁观这件事，或许就会因此对我们产生一种“这人不可信任”的印象。因此，我们虽然骗了一个人，但感觉到我们不诚实的人却不会再和我们来往。

不管任何时候，我们都要明白诚信始终都是人际交往的基本保障，自己不知道的东西绝对不能胡编乱造。即便此刻我们心里清楚但也不要全部表露出来，因为即便是有些真话，在有些场合中也会被人误解为一种嘲弄。所以为人处世说话要应时应景，如果不合时宜很可能造成不好的效果。总之，人与人交往要有良知并坚持真理。

孔子曾经说过："可与言而不与之言，失人；不可与言而与之言，失言。"在这里，孔子提醒人们：说话之前，先得想清楚"可与言"和"不可与言"这两种人和两种情况。

在人际交往中，如果遇到那些有诚意、可信赖的"可与言"的人，我们却"不与之言"，不说出真话，那就是我们的失理、失礼了，因而也就失去了难得的朋友伙伴；如果遇到不可信赖的"不可与言"的人，我们却"与之言"，向他掏出了所有心里话，那就是"失言"了、上当了。

有时说假话骗人是原则上的问题，避免别人对自己产生隔阂。不过在一些时候，把心里的话全部说出来是非常危险的，甚至会得罪人，为自己引来无妄之灾。无论是显规则，还是潜规则，都没有规定大凡心中清楚的话非得和盘托出不可，而是可以因人、因事、因时决定有选择地说出哪些，而不说出哪些。

我们在人际交往的过程中要注意技巧，不该说的不要说，说话之前要先考虑好后果，否则表达出来的不是我们真实的想法。同样，如果说话不注意场合和别人的感受，有些话可能让对方不能理解我们的意思，从而产生误会和伤害。

5. 不要把抱怨挂在嘴边

祸兮福之所倚，福兮祸之所伏，孰知其极？其无正。

——中国古代思想家、哲学家、道家学派创始人：老子

哀伤、痛苦、不满，是每个人都会有的情绪，但是切记一定不要经常性地把这些抱怨挂在嘴边。因为抱怨就像是头顶的乌云，如果我们老是让自己沉浸其中，那么就永远无法见到阳光穿透乌云的那天，我们也只会在抱怨的痛苦泥沼中越陷越深。

老子曾经说过：“祸兮福之所倚，福兮祸之所伏，孰知其极？其无正。”如果我们从来不会对眼前的困难产生抱怨，而是积极地寻找解决的方法，那么与我们交往的人在看到我们的乐观和努力后，也会愿意助我们一臂之力。

如果我们一直让消极的心态占据心灵，那么就算让我们中了500万的彩票，我们也会忧心忡忡，思前想后。因为我们害怕中奖之后，有人会觊觎我们的钱财，进而对我们采取不利的行动。这样的人，在人际交往中又怎么可能取得别人的信任呢？

一个只懂得向别人抱怨自己不幸的人，别人不会觉得我们有任何价值，只会觉得我们无能、懦弱。生活中有很多人宁愿去花大量的时间和精力抱怨，也不愿重新审视自己，找出抱怨的原因。要知道，埋怨问题的发生或是过度地自怨自艾，只会增加我们的压力，让我们更难处理那些干扰我们的事情。

在人际交往的过程中，我们要时刻保持积极的心态，哪怕自己的处境并不是很好，也要积极从周围的人或者事中寻找可以帮助自己的机会。一味地抱怨只会将那些可能帮助我们的人全部赶走，让自己更加悲观，看不到事情的转机。

一天，有位大德高僧慧光禅师正在大道上行走，看见一条小河清澈见底，水中鱼儿清晰可见，游来游去毫无挂碍。禅师对身边的人说：“做人要像鱼儿一样，明心见性，从容自得，要是做什么事情都执着，不懂得提起放下的道理，人生便苦恼不堪。”

徒弟们若有所悟。这时天将傍晚了，徒弟们都劝慧光禅师返回寺院，以免受傍晚清冷之苦，慧光禅师却摇头说道：“你们先回吧，不要以我为牵挂。别人若是问起你们我在何处，你们怎么回答？”徒弟们说：“不在那时，不在那处，四方云流，了然无痕。”

慧光禅师很满意，摆手让徒弟们退下了。他来到一家饭馆，刚坐下，老板娘就迎上来，一看是个和尚，便双手合十，连忙吩咐小二将素斋给禅师端上来。禅师称谢，埋头吃饭，可是在吃的时候，却听见老板娘愁苦的叹息声。

禅师就问："女施主，有何事解不开，不妨说与老衲听听。"老板娘道："大师，我们这个小店小本经营，没有多少收入，我丈夫是个老实人，不会钻营取利，一天忙下来没有什么收获，心中十分苦恼，这样下去，我们的生活实在没有什么起色，也没有什么奔头，唉。"

慧光禅师问道："一天之中，你的孩子可曾遭遇不幸？你的丈夫可曾有损身体？你的小店可曾遭遇强盗？"老板娘说："没有。"

"这就对了，"慧光说，"小本经营没有破产的风险，收入不多却可以供给己用，丈夫老实，自是没有三心二意，至于生活没有起色，全在于你的一个心境。天下不知道有多少人家羡慕你这般实的小康之家。施主，平平安安过一天即是福，没有什么比这还重要，难道你为了生活上的起色，愿意你的丈夫涉险吗？所求过多则痛苦丛生，切记！"

老板娘豁然开朗。

因此，不管遇到什么问题，最重要的是去解决，而不是常把抱怨的声音挂在嘴边。人与人之间的交往，通常是伴随着一些利益关系的，况且也没有人愿意和一个喜欢自怨自艾的人有过多的来往。遇到问题时，积极乐观地面对问题，这样的人在人际交往中才能够无往而不利，因为别人看到的始终是一个自信满满的你，他们才愿意相信你、接受你。

俗话说："天无绝人之路。"上天对每个人都是公平的，只要你拂去心中那层深埋的阴郁，那么你就能拨开抱怨的乌云，看到洒下的充满希望的阳光。

6. 赞美也要审时度势

世界上最为华美的语言就是赞美，因为它瞬间就能点燃对方内心深处最为激动的火苗。

——礼仪界名言

这个世界上最为华美的语言就是赞美，因为它瞬间就能点燃对方内心深处最为激动的火苗。赞美的语言是美丽的，真诚的赞美更能照亮他人的心田，不仅有助于彼此之间感情的发展，而且还可以消除人与人之间的隔阂与不快。

同时我们要注意，赞美虽然是一件好事，但是绝不是一件易事。赞美别人时如果不审时度势，不掌握一定的赞美技巧，那么即便你是真诚的，也会好心变坏事。因此，我们很有必要来学习一下有关赞美这门学问。

（1）合乎时宜、恰到好处地说

赞美的效果在于相机行事、适可而止，要真正地做到“美酒饮到微醉后，好花看到半开时”。当别人计划做一件有意义的事时，开头的赞扬能激励他下决心做出成绩，中间的赞扬有益于对方再接再厉，结尾的赞扬则可以肯定成绩，指出进一步的努力方向，从而达到“赞扬一个，激励一批”的效果。

（2）要有真实的情感基础

这种情感包括对对方的情感感受和自己的真实情感，这是要发自内心的。有了这样的基础，我们赞美起来就会显得自然和真诚，不会给人虚假和牵强的感觉。俗话说：“患难见真情。”最需要赞美的不是那些早已功成名就的人，而是那些因被埋没而产生自卑感或身处逆境的人。有时，投以赞许的目光、做一个夸奖的手势、送一个友好的微笑也能收到意想不到的效果。

（3）对不同的人说不同的话

赞美他人要灵活把握时机，要学会见机行事，即景生情，见什么人说什么话，到什么山上唱什么歌。例如：一位小姐，一袭白衣，亭亭玉立。你一句：“呀，小姐，你真美！宛如清水芙蓉，洁净如玉，恍若仙子。”这样说一定会让她心花怒放。若对方是一位新寡少妇，你这一句赞美定会让她感觉你不怀好意，甚至会送你一口唾沫或一顿怒骂，起码认为你处世水平低劣，对你没有好感。

（4）赞美要注意场合尊卑

人的素质有高低之分，年龄有长幼之别，因人而异，突出个性，有特点的赞美比一般化的赞美能收到更好的效果。老年人总希望别人不忘记他“想当年”的业绩与雄风，同其交谈时，可多称赞他引以为豪的过去；对年轻人不妨语气稍为夸张地赞扬他的创造才能和开拓精神，并举出几点实例证明他的确能够前程似锦；对于经商的人，可称赞他头脑灵活，生财有道；对于有地位的干部，可称赞他为国为民，廉洁清正；对于知识分子，可称赞他知识渊博、宁静淡泊……当然这一切要依据事实，切不可虚夸。

（5）切忌让赞美变为油嘴滑舌

虽然人人都喜欢听赞美的话，但并非任何赞美都能使对方高兴。你若无凭无据、虚情假意地赞美别人，他不仅会感到莫名其妙，更会觉得你油嘴滑舌、诡诈虚伪。我们要知道大凡真情的赞美才能博得对方心理上的愉悦，这样可以使你经常发现别人的优点，从而使自己对人生持有乐观、欣赏的态度。

要想让人听着心里舒服，又能觉得你是一番真心实意地夸赞，我们就一定要学会适时的称赞，这样不仅能为你在别人面前博得更多的好感，而且还能为你打通更多的人脉。

7. 拨打电话前应做哪些准备

电话礼仪一个重要的方面，就是打电话前先看时间。

——佚名

在古代，常用的通信工具除了鸿雁传书外，就只有快马送信了。这些漫长辛苦的方式姑且不计较其中所要花费的脚程，就算是到达了目的地，估计也过了好长时间了。如今随着科技的发展，电话已经取代了过去的联络方式，成为大众最常用的联络方式之一。

但是在拨打电话的时候，我们也应该做一些基本的准备工作，那么在一些公共场合，特别是职场上，我们拨打电话前，究竟要做好哪些准备呢?

（1）心理准备

在打电话之前，请你务必先想清楚自己想要说的事情的重点，以及该如何简要地表达才能通过电话向对方讲明事情的缘由。只有当你做到了心中有数，你才能把事情尽快通过电话讲明。同时也能更好地为自己和对方争取到可以解决事情的关键所在。

（2）仪态准备

无论是拨打电话还是接听电话，都必须做到全神贯注，而且首先应当暂时放下自己手头的一切工作，端坐或站立于电话前，然后从容地拿起电话，微笑通话。通话时，通话人除了必须执笔做些适当、简短的记录，以及可以利用一些与通话内容相关的书面资料外，切不可三心二意地去做任何其他事情，否则既不尊重通话对象，也不利于交流沟通。

（3）内容准备

通话之前，应做好充分准备，最好把对方的姓名、电话号码、通话要点等内容列出一张清单。这样可以避免在谈话时出现缺少条理的问题。电话接通后，除了首先问候对方外，别忘记自报单位、职务和姓名。另外如果是要请人转接电话，还必须注意向对方致谢。

（4）时间准备

这里要特别强调“三分钟原则”。所谓“三分钟原则”是指：打电话时，拨打者应自觉地、有意识地将每次通话时间控制在三分钟内，尽量不要超过这个限定。对通话时间的基本要求是：以短为佳，宁短勿长，不是十分重要、紧急、烦琐的事务一般不宜通话时间过长。

（5）记录准备

如果是国家行政机关，那么任何一次公务来电都有可能是一次重要的信息传递。因此，公务人员应当在自己或公用的电话旁配备好完整的记录工具，要养成一听到电话铃就拿起纸笔的习惯。如果不是国家机关，是一般的来电，我们也应当给自己随身备一个小本，随时记录一些重要的事情。

（6）补缺准备

由于种种原因，有些人往往会在办公时间暂时离开自己的办公桌处理其他要事，以致自己无法接听他人来电。此时，应委托他人代为接听自己的电话或设置电话录音。这样来电一个也不会少，而重要的电话也能够及时地得到应接。

当我们拨打电话的时候，一定要注意提前的准备工作，因为这不仅仅是对别人的一种尊重，而且还是自己负责认真的一种表现。

8. 对方能“看到”你打电话时的表情

你在电话前微笑，对方其实能感觉到的。

——佚名

生活中，我们很多人在打电话的过程中，总是抱着无所谓的态度，一心两用甚至多用，心想反正对方也看不见自己在干什么，随便一点也无所谓。殊不知，我们打电话时专注于否，别人是能通过我们的语气变化、应对速度，以及措辞等方面听出来的。

再有一些人，甚至对自己的这种无所谓毫不掩饰，比如，有人边打游戏边接电话，有的家庭主妇边做菜边讲电话，各种油沸的声音、敲击键盘的声音，对方都能从电话中听到。

上面的这些做法，其实都是对对方的一种不尊重，不要以为对方看不见你，你就可以随意接听电话。很多时候，对方可以从你的声音和你说话的态度来辨别你此时的样子，就像你此刻用懒洋洋的声音接听电话，那么对方一听肯定就知道你现在特别累。看似差别不大，但是一听就能够听出来。

其实，任何形式的一种交流最后是否能够成功，往往都取决于交流各方是否能够在接听电话的时候语言简明扼要，突出重点，而且接听双方是否都是“一心一用”。因为只有这样，对方才能准确地接受信息要点，并且及时地回馈。

尽管接听电话有时候的确是“只闻其声，不见其人”，但是只要用点心思，谁都能从你此时说话的态度中“看”出讲话的情景。所以，为了尊重对方，我们一定要学会接听电话的一些基本礼仪。

（1）保持一个正确的记录姿势

当我们讲电话手持听筒时，可能很少有人会注意自己用哪只手拿听筒。很多人都认为哪只手接听不都一样吗，可是话虽如此，但是难道你只顾着听电话，而不记录了吗？通常情况下，只要你不是左撇子，用左手拿听筒，将右手腾出来，那么当你记录事情的时候，就比较方便。

（2）电话预备礼必不可少

在上一个小节中我们讲过，接听电话前，一定要做一些必要的准备工作。其实看似很简单的接听电话，真的做起来却很费时费力。尤其是当你正忙于一件事情时，突然来了紧急电话，此时你的大脑可能还没有反应过来，由此而记录不清对方的意思。所以，将资讯正确而简洁地传送给对方前，必须先在头脑中构想清楚。

（3）文明接听电话要多用“你好”

“喂”字时代已经过去，在国际通用电话礼仪中，“你好”是一个人接听电话良好素质的反应。尤其是在公司接听电话时，更应该礼貌地首先说

“您好”，再说出自己的公司名称和部门名称“这里是某某公司某某部”等。在商业接听礼仪中，当我们接听完毕后，如果说一句“承蒙关照”，会给对方留下更好的印象。

（4）呈报自己的姓名以显示尊重

如果在公司接听电话，应将自己所任职公司的名称与自己的姓名同时告诉对方。很多时候，我们时常会只说公司名称，而不报自己的姓名。这样会给对方打电话的人造成麻烦，因为没有留下任何信息，就无法正确转达来电者为何人。此外，如果不知道名字，会给以后的工作带来许多不便，如果自己要找的人不在，还会造成联系困难。

（5）电话中途断线，应主动打过去

我们时常会遇到这样的情形：当通过电话与对方交谈时，电话在中途突然因操作失误而断线。要是事情没有谈完，应由先前打电话的一方重新拨打，以使谈话继续下去。但不能因事情大致已谈完，就对此听之任之。重新拨通之后，应向对方致歉，“非常抱歉，刚才电话中途断线了”。应具备始终由自己主动重打的意识，除非对方使用公用电话，那就另当别论了。

（6）稍事等待绝对不可超过一分钟

不管在任何场合，“片刻”就应当以一分钟为限。如果过了一分钟，就已经超出了“片刻”的范围，会让对方觉得等待时间太长，而且这也是非常不尊重对方的一种表现，这一点要多加注意。如果此时的确抽不出空，并且预计自己的确需要花费一分钟以上的时间，就要明确地告诉对方“对不起，待会儿我打给您”，再挂断电话，这才是正确的礼仪。

（7）电话铃声不应超过三声

当电话铃响了好几声，却不见对方来接听时，一般打电话者会觉得烦躁，相信你也有过这种经历。终于，有人接听了，但传来的却是一声很没精神的“喂”。正确的做法是：接电话应在电话铃响第三声之前。如果此时没空，过了许久才接电话，也应该说声“让你久等了”表示一下歉意，这是最起码的礼节。

其实，我们每个人都有自己的电话形象，这是指通话者在通话过程中留给通话对象及其他在场者的总体印象。电话形象既可以通过通话时的态度、语言、表情等直观地体现出来，还可以通过通话内容为人所感受。

所以，在给人打电话的时候，永远不要心存侥幸，一副懒洋洋的样子，甚至把腿翘到桌子上，而要心存敬意、面带微笑。你要相信，当你微笑的时候，电话另一头的人是能“看到”的，而且这样做不仅是一种礼貌，一种习惯，还是一种素养。

9. 要事急事，请拨打座机

办公室电话的原则是要把事情说清楚，其他多说无益，通话时间要高效简洁。

——商务礼仪名言

试想一下在生活中，是否有过这样的情况发生：本来双方通话正尽兴，刚要谈到事情的重点时，突然没电关机了。看着黑屏的手机，我们也只能无可奈何。

尽管手机便捷好用的特性深受大家喜爱，而且其使用的范围越来越广，但其实它也存在着很多漏洞和弊端。当我们跟不大熟悉的人，尤其是在商业谈判中的合作伙伴通话时，一定要记得用座机拨打而非手机。

虽然座机的拨打没有手机便捷，但是却能够为我们的通话“质量”提供一定的保障。最起码，我们不必担心突然中断这样让人尴尬的事情发生。当然，使用座机时，拨打与接听都有相关的礼仪规范。

（1）举止要优雅大方

座机不同于手机，手机因为体积小，而且没有固定方位，所以拨打起来很方便。但是用座机拨打电话时，因为位置比较固定，而且体积比手机要大，因此切记不要把话筒夹在脖子下，也不要趴着、仰着、坐在桌角上，更不要把双腿高架在桌子上，不可一边走一边打，不要以笔代手去拨号。

（2）礼貌用语必不可少

即便是和一个不大熟悉的人通电话，我们也要记住必要的礼貌用语绝不可少。当我们拿起话筒后，应该自报家门，并且首先向对方问好。通话时要聚精会神，语气应谦恭友好，不要拿腔拿调，戏弄嘲讽对方。通话终止时，要向对方道一声“再见”。接到误拨进来的电话，要耐心地告诉对方拨错了电话，不能冷冷地说“打错了”，就把电话用力挂上。接电话不能发怒、恶语相加、出口伤人。通话因故暂时中断后，要耐心等候对方再拨进来。

（3）避免音量过大，注意接听时间

拿起听筒与对方说话时，嗓门不要过高，免得令对方觉得“震耳欲聋”。话筒与嘴的距离应该保持在3厘米左右，不可“吻”话筒。接电话时不要骂骂咧咧，更不要采用粗暴的举动拿电话机撒气。当电话已经讲完时，应该轻放话筒，不要用力摔，因为这样会让对方不舒服。

另外如果是对方拨打过来的电话，我们也要注意当电话铃声响起时，应尽快予以接听，不要让别人代劳，尤其不要让小孩子代接电话；也不要铃声才响过一次，就拿起听筒，这样会令对方觉得突然，而且容易掉线；电话铃响了许久才接电话的话，要在通话之初向对方表示歉意，最好铃响两次后拿起听筒。

（4）使用免提功能要分场合

在一些办公场所、会议室等商务场合，切记不要用免提拨打和接听电话。除非你是总裁、董事长或者你是单独的办公室，因为按照国际商务礼仪用免提拨打和接听电话是有级别之分的，除公司董事长、总裁、总经理之外，部门总监、部门经理、普通员工都不可以使用免提功能拨打和接听电话。

（5）巧妙地转接电话

接到转给别人的电话，一定要按下保留键后再转过去。因为即使用手捂紧话筒，内部的讲话声音也会传出去，对方有可能听到。即使接电话的人近在咫尺，也要习惯性地先按下保留键，然后再将电话转移给对方。

（6）恰当地使用电话

对于一些商业场合来说，不同的地方所使用的电话礼仪都不一样。例如在美国，你可以通过电话向一个素不相识的人推销商品，而在欧洲、拉丁美洲和亚洲国家，电话促销或在电话中长时间地谈生意就难以让人接受。发展良好商务关系的最佳途径是与客户面对面地商谈，而电话主要用来安排会见。当然一旦双方见过面，再用电话往来就方便多了。为此，使用电话时一定要注意对方的风俗习惯。

其实，座机的礼仪和手机的礼仪没有多大的差别，只是座机的适用场合比手机要更为正式规范一些，因为座机一般多用在正式场合，而手机倾向于生活。所以，当我们给不大熟悉的人打电话时，一定要明白用座机通话所赋予别人的尊重感。

10. 管好你的手机铃声，别制造噪音

手机铃声的选择、音量和适时地调成振动静音，都是一个人礼仪素养的体现。

——商务礼仪名言

本来是一个严肃的场合，大家也都沉浸在自己的思考中，突然一阵紧促的手机铃声骤然响起，一下就把现场的气氛给破坏了。像这种情况，在生活中我们可能并不陌生，毕竟时下个性化、潮流化的铃声很流行，人们的选择

当然也无可厚非。但是我们也应当注意，不同的场合手机铃声的运用，要讲究一定的礼仪规范。

手机铃声的使用其实就跟穿衣打扮一样，分家里和家外两种。在家里，我们可以想怎样就怎样，可是到了外面，就要注意自己的形象了。在公共场合，我们尤其应该注意自己的素质和修养，恰当使用手机铃声，不能不分时机、场合让手机铃声乱响。

那么，究竟该如何使用铃声呢？我们可以参考几种基本的铃声礼仪规则。

（1）应该回避的铃声场合

当我们在下列任何一种场合下，请始终关闭我们的手机或调至震动模式，并再次检查是否确定关闭（或是打开语音信箱）：聚会、面试会、电影院、博物馆、餐馆、宗教场所、研讨会、音乐会、婚宴、丧葬、墓地、教室、演讲会、医生办公室、医院等候室、体育场馆或审判室。因为在这些地方响亮嘈杂的手机铃声或讯息提示声被认为是不可接受的、粗鲁和无礼的。当然，如果我们的确是有急事，那么应当尽量远离人群接听电话。

（2）不同铃声的场合安排

在商务场合或在公共场所中，嘈杂、有趣、新奇的铃声是不恰当的，别人可能会为之恼火。请将手机调整到标准模式，并控制在适当的音量。如果是振动模式会更恰当，它会减低手机铃声对别人造成的困扰。

另外，我们也可以考虑用其他办法，例如短信、电子邮件、语音邮件、来电显示和振动模式来尽可能地减少我们对他人的干扰。当我们身处可以接听电话但是又会影响他人的地方，请把手机调到振动模式。

（3）铃声内容切忌不雅、“粗俗”

从铃声内容来说，不能有不文明的内容。虽然时下有很多比较搞笑、夸张幽默的铃声，比如一些动物的叫声，这些终究显得不雅，而且也无法放到正式场合中去。所以不光铃声要和场合相配，而且还要和自己的身份相匹配。

（4）铃声音量不能太大

无论是手机铃声还是座机，音量总体来说都不能调得过大，以离开座位两米可以听见为宜。有些人的铃声像是“凶铃”，在大家埋头干活时突然刺耳地响起，让人心跳都会加快。在医院、幼儿园等公共场所，过大的铃声会成为一种公害。

11. 能替别人接听电话吗

一个成功的电话，通常都是没有踏足雷区的电话。

——佚名

“同桌的电话在一旁响了好半天了，是接还是不接呢？”接，似乎有点儿说不过去，毕竟这是别人的私密电话，况且别人心里是否想接也不知道。可如果不接，似乎也不大妥当，万一对方真有什么急事要处理呢?

不得不说，替人接电话，是一件十分为难的事情。如果对方在忙的情况下，对方主动请我们接听，得到许可后自然无所谓，如果对方不在，那么这“闲事”最好不管。其实接听电话也是有一定礼仪的，怎样才能替别人接电话，如何才能接“好”这个电话，我们需要注意以下几点：

（1）万事礼字当先

对方不在场的情况下，电话响起时，我们可以依靠电话铃声的长短来决定是否接听。如果是持续的电话铃声，那么我们可以断定打电话的人肯定是有事情，这个时候我们就应该接听电话了，并且应友好地说："对不起，他不在，需要我转告什么吗？"不要因为代别人接电话而感到不快，更不要拒绝帮助他人。

（2）切莫大声叫嚷

在找接电话的人时，要把电话搁在一边，来到电话里要找的人面前，告诉他有电话找他。

不要手持话筒大声叫人或者隔着房间叫人来接听电话。在对方要找的人不能来接听电话时，要告诉对方该人暂时不能接听电话，但不必告诉对方该人在做什么。

（3）尊重对方隐私

代接电话时，不要询问对方与当事人之间的关系。当对方希望转达某事给某人时，要守口如瓶，千万不要随便将所知道的事情扩散。另外当别人通话时，不要旁听，更不要插嘴。

（4）不轻易透露号码

如果有人打来电话找某人，因其不在，对方询问他们的住宅电话或者手机号码时，不要轻易回答。所接电话非本人亲自处理不可时，可先和本人取得联系，再让其和对方联系，才不会造成无谓的困扰。

（5）传达要及时

传话一定要做到及时，这样才能保证信息能够及时到达。另外不要轻易地把自己传达的内容托他人转告，这样不仅容易使内容走样，而且还有可能会耽搁时间。另外转告的内容一定要清晰，主要包括来电人的姓名、单位、转告的内容、是否回电、回电号码以及时间，另外还要将对方来电的时间和日期记好。

12. 祝福短信不忘署名，善意才不会被浪费

古时候大凡一些英雄人物做好事都讲求不留名。可是放在如今的这个社会里，发短信可不能不署名了。尤其是在一些充满喜气的节日里，我们给旁人发的一些祝福性的短信，更不能忘记署上自己的名字。这样你的祝福才不会被无情地浪费掉。

——佚名

每逢过年过节，大家可能都会互相发一些好运短信来恭祝来年的顺安。可是由于短信太多，收到短信的人难免会记混或者忘记。

有些不带署名的短信，接收者要花费很大的心思去查找，最后却不一定能弄清楚是谁发的。忽视一条短信或许是小事，可是发出短信之后我们所带去的深深祝福就被埋没了，这样的短信相当于没发。

对于如今快节奏的生活，发短信已经成了一种放松和消遣的方式。有事没事的时候，发一条好玩的短信逗逗乐，节假日、生日发一条短信，送上自己真心的祝福，的确是一件让人快乐的事情。可是如果你不署名，那么谁也不知道是你发的。这样自己的一番好心就全部付诸东流了。

那么发短信时，我们究竟应该要注意哪些呢？

（1）短信后面写上名字

现在手机短信愈加泛滥，很多内容都相同，如果不署名，那么这种祝福发了等于没发。如果是正事，不署名更会耽误事。另外短信署名既是对接收方的尊重，也是达到目的的必要手段。所以，我们应该明白署名的重要性。

（2）有来有往温馨如常

孔子有云：“来而不往非礼也。”当别人发来短信时，自己一定要记得回一个短信。

（3）玩笑短信及时删除

一些人经常把手机放在桌上，如果有事离开，也许有好奇之人就会顺手翻看短信。如果里面有一些并不希望别人看到的短信，就可能引起麻烦或不必要的误会，后果也会非常严重，所以这样的短信要及时删除。

（4）发短信不能太晚

发短信虽然简便，但要注意时间，如果太晚，就会影响到对方的正常休息。

第五天

礼仪训练仅需10天

职场礼仪，提升你在办公室中的形象指数

1.恰到好处地向领导请示工作

选对时间做对事。

——职场礼仪规则

作为下属，在工作中发现问题或遇到困扰，请求领导给予指导意见，是一件很正常的事情。但是，这样看似简单的一个请示工作的细节，实际上操作起来，却远没有我们想象得那么简单。

职场上，有很多人总是不分场合和时间向领导请示工作，这样做不仅干扰了上司正常的工作，而且还会让领导感到厌烦。为此，当我们有问题想要请示的时候，一定要学会看准时机，这样才能在出色地完成工作的同时，博得上级的好感。

作为下属，在向上级领导请示工作的时候，要注意做到彬彬有礼，礼节绝对不可丢弃，尤其是在请示工作的时候，即便问题比较严重，你也要切记不可太过于冲动莽撞。领导毕竟是上级，要学会尊重。

那么在工作中，当我们有了问题时，该如何正确地向领导请示汇报工作呢？请示工作我们又应该学会哪些礼仪呢？

（1）提前准备

职场上有不少这样的人，做事认真热心，工作上富有创意，但就是由于事情没有考虑周全，结果到了准备请示时，匆匆忙忙弄了个不成熟的方案让上级定夺，结果被毙。所以，在向领导请示工作前，一定要做好所要陈述事情重点的相应准备，千万不要在汇报时吞吞吐吐，且理由不充分，不仅浪费领导的时间，而且还是对领导的不敬，是严重失礼的行为。

（2）遵时守约

如果在汇报前已经做了相关的时间安排，那么到了时间一定要记得准时到达，这是每个职员最起码的礼仪要求。如果过早，则会打乱领导的安排，如果过迟，则会浪费领导的时间。如果遇到突发事件不能准时到达，一定要尽快向领导解释原因，请求推迟或者另外再定时间，并且表示抱歉。

另外，如果没有提前做时间安排，而是临时汇报，可根据上级领导平日的工作安排而选取恰当的时间，不要一心只想着自己的工作，而不为上级领导着想。一般来讲，不要在上级领导忙得不可开交或者是个人休息时间上去请示，这样只会打扰到领导正常工作和休息，除非是需要马上办的事情。

（3）把握时机

在请示工作时，一定要学会看场合。如果此时上级领导的心情不好，刚发过一通火，气还没消，你这时跑去请示，那么十有八九不会有好效果。另外，你还要关注有哪些人在场，你请示的事情是否跟这些在场人士有关系。所以，什么事在会上请示，什么事在办公室请示，什么事在饭桌上请示，什么事在偶然碰到时请示，都是需要事先计划好的。同一件事，场合不同，效果迥然不同。

（4）适时离去

当你的请示汇报结束后，请礼貌地起身并且告辞。如果这时领导还有和工作无关的事情想要和你讲，那么你就应耐心倾听和回答。当领导表示谈话结束，并且示意你可以离开了，这时你便可以离开。如果领导起身相送，你应该主动地说“您请留步”“谢谢”的话。

总之，一个成功的职场人士必然是一个善于请示工作的人。因为在请示工作的过程中，我们能得到领导最及时的指导，更快地成长，也因为在请示工作的过程中，能够与领导建立起牢固的信任关系。所以，在工作中，学会用合理的沟通方式向上级请示汇报工作是通向成功的捷径。

2. 对上司有不满怎么说

礼貌是快乐地做事情的方法。

——哈佛大学教授：艾默生

职场中，上司和下属之间发生一些不愉快，产生一些摩擦和碰撞，这是常有的事。这种情况下，我们作为下属，如果处置不当，就会加深鸿沟，陷入困境，甚至导致双方的关系彻底破裂。常言道“冤家宜解不宜结”，何况我们结怨的对象又是我们的上司呢?

有礼貌的宽容，并且积极化解才是正确的思路。当我们的个人想法与上司的安排发生冲突时，我们心中可以有不满的情绪。但要注意，表达自己不满的方法有很多，在说话的方式上切记不要争论和顶撞，平常惯用的“发脾气”，非常不适合在职场上出现。

作为下属，如果完全不顾上司的权威，追求绝对的公平公正或者逞一时英雄，那等于是破坏了团队的运作。因此，不要公开顶撞上司，更不要让上司下不来台，要学会平静理智地沟通，这样方显自己的大度与礼貌。

下面就是几种很好的跟上司沟通的方式，当你心有不满时，请作如下参考。

（1）暗示法

当你心中已经对上司产生不满，又不想当面说出来时，你可以用暗示的方法来解决。例如你可以时不时地对上司提一些自己的意见，见缝插针，或者用旁敲侧击的方法来表明自己的立场，这样经过反复多次的暗示后，上司一定会明白你的用意。

（2）幽默法

用幽默的方式来表达你心中的不满，可以避免僵硬和过激的语言出现，而且还能避免和上司直言的尴尬。一般情况下，一个幽默的人常常会博得他人的好感，在一笑而过中，你的上司也会明白你真正的用意何在。

（3）衡量法

俗话说："忍一时风平浪静，退一步海阔天空。"但是如果事情到了不得不解决的地步，那就要勇敢地走出去，把你的不满和上司交流一下。一个开明、公正的上级领导会在一定程度上理解你的不满，并且从他的角度给你一个合情合理的解释。但是如果事情并没有想象中的那么严重，那么就请等待，用时间来证明一切。

（4）巧借他人法

一般工作中的烦恼和不满是可以直接提出的，但是如果通过他人来表达也许更能缓解自己的紧张，而且也避免了因当面争执而发生的不快，更不会让你直接去上司那里碰钉子。

所以，不论我们对上级领导有多么不满，也不要直接顶撞，要知道，这样做的结果对自己是没有任何益处的。

当我们对上司产生不满的情绪时，一定要通过平静的沟通说出你内心的真实感受、想法和期望，这样才能使上司感到你的诚意。绝不能因为对上司不满而与之发生冲突，这样对你以后的工作开展都没有什么好处，对上司对你来说，都会受到情绪上的影响，一旦你与上司发生了矛盾，关系就很难愈合了。

3. 上司的批评再不英明，也不要当面反驳

头衔越大，礼仪越繁。

——英国诗人：阿佛列

俗话说：“人在江湖漂，哪能不挨刀。”同样的，身在职场难免有被上司误解的时候。一些性格直爽的人面对上司某种不恰当的批评，当面就反驳开来，甚至最后把上司驳得哑口无言。其实这样做不仅不能解决问题，而且也会为我们以后的职场生涯埋下败笔。

当我们面对上司的批评时，不能因为我们是正确的，领导是错误的，就和领导打嘴仗、较真。或许有些上司的确脾气大，性子急，但我们也要多一些理解，毕竟这是性格问题，即便上司的批评再不合理，也万万不要当面去挑战他的威严。

那么，当我们在工作中遭遇了上司不公平的批评时，我们该如何对待呢？

（1）放下牢骚，悉心听取

下属表现得很愿意聆听“教训”，上司就会觉得自己是被信赖和尊敬的。反之，如果我们不服气，发牢骚，那么，就只会让我们和上司的关系恶化。

其实，上司的“责骂”也含有忠告、指示和鼓励的意味。他的批评也可以看作对你的重视和鞭策，正是因为他看中你这个员工，所以才会注意你的错误，并且希望通过指责的手段促使你进步和发展。

（2）当面顶撞，有失礼貌

也许有的时候，在公共场合受到上司的指责会让你难堪，特别是当你觉得上司的指责很没有道理的时候。在周围同事众目睽睽之下，你可能会为了自己的面子，失去冷静，反驳上司的批评以显示自己的无辜。这样一时快意的“英雄”壮举，换取的可能仅仅是同事的一丝同情，留给上司的却是加倍的震怒和斥责，因为你当面损害了他的威严。

（3）认真对待，学会感悟

没有人会把批评、责训别人当成自己的乐趣。既然上司是针对工作而提出的批评，就绝对是经过一番考虑之后做出的批评。上司的“责骂”从一般角度考虑，一定是有原因的，或对或错，都表明上司对某些和你有关的工作不满意。因此，被批评时应该认真对待，首先抱着自责和检讨的心理去接受批评。

（4）批评不分轻重，在于心态

可能有的员工在遭遇到上司的批评后，就充满了悲观的情绪，好像世界末日要来临了一样，其实这种心态是完全错误的，你越是在乎上司的语气，那么你就越纠结，最后反而跌进悲观失落的深渊中去。

所以，最好的办法是让不愉快成为过去，不要在自己的心里酿积成愤怒的火苗。向上司表示尊重，不仅是你为了生存与发展而采取的明智之举，也向他人表达了你的修养和风度。

工作中，上司因为一些着急的事情，不分青红皂白就把员工狠批一顿，甚至将批评当作工作日常，作为下属的我们，除了多多忍耐之外，更重要的是等他冷静下来以后，好好和他沟通，千万不要因为一时之快，白白影响了自己的职场之路。

4. 与上司有不同意见时，讲道理摆事实要悠着点

最重要的交际原则就是保持距离和注意分寸。

——职场名言

在古代，每逢朝堂之上皇上与众位臣子议事时，但凡毕恭毕敬、语言虽锐利但满含敬畏者，通常他们的建议几乎都博得了皇上的重视。而那些横眉竖指、言行大为不敬者，大凡都因为自己的行事冲动而付出了惨痛的代价，成为皇上的“刀下之鬼”。

其实，放在如今的职场，当上司与下属讨论问题时，也会有不同意见和争议。上司也有犯错的时候，但是作为下属除了要据理力争外，还要讲求一下讲道理摆事实的方法。

我们千万要记住，不要因为自己有理，就毫不留情地当面驳上司的面子，这样做是一种非常不礼貌的行为。当然，如果的确是上司错了，那么我们也要帮助上司改正错误，其实说服上司也远没有想象中的那么困难，你只要把握好以下几个方法就可以。

（1）知己知彼，求同存异

我们想要说服上司，就必须先了解他的观点和意图。把焦点放在大家的共同点上。俗话说："求同存异。"在向别人提意见时，永远都先说他对的地方，然后再说："李总啊，我觉得完善一下会更好。"这样你的上司才更容易接受，对不对？如果一开口就是批评，甚至连最基本的意见都没理解透彻，上司肯定会心生不悦。

（2）学抓重点，一语中的

如果想要说服上司，与其把精力分散到许多无关紧要的事情上，还不如抓住关键点，长话短说，不讲空话，有的放矢，不重复别人已讲过的或众所周知的俗套话。冗长的说教，满嘴的陈词滥调，没有自己独特见解的发言，只会引起上司的心烦和厌倦。

（3）充分准备，不打无准备之仗

在和上司辩论之前，不管是什么情况，都不要在未思索之前就匆忙跑去。因为当你向上司请示"这么做似乎不妥当"时，上司可能会反问"你觉得怎样做才是最好的"，如果没有充分的准备，你可能会不知所措，或者支支吾吾、表达得毫无逻辑。

（4）态度端正，切莫顶撞

面对客户时，一个脾气再火爆的销售员，也要学会克制自我。在职场跟上司沟通时，也要学会克制，千万不要直接去顶撞。顶撞不但解决不了任何问题，还会把关系闹僵。

所以，想说服上司，就一定要好好准备。这样，当上司反问你时，也就不至于一问三不知。另外，如果希望别人信服你，不妨使用诸如“一定”“毫无疑问”“绝对”之类的肯定语，而不要把自己当成学生看待，见到上司就问自己该怎么办。

5. 换位思考，分角度看问题

一千个观众眼里就有一千个哈姆雷特。

——莎士比亚

苏轼诗曰：“横看成岭侧成峰，远近高低各不同。”有时候，我们所处的位置不一样，看待事情的角度和高度也是不一样的。比方说，同样是对一名陌生女孩做出亲吻的动作，如果我们是成年人，难免会让人觉得轻浮、猥琐。但如果我们是稚童，那么落在他人眼中，就是天真烂漫，充满童趣。

其实，生活中有很多这样的例子，因为大家各自所处的位置、层次、环境不同，以及受到不同的外部制约，面对同一个问题时，总是会有不同的看法。这就造成在职场中作为下属的我们常常会和上司发生观点不合的情况。

也许一个任务完不成，下属只是被上级骂一顿，然后加班重做。可对负责这项任务的团队长来说，很有可能就意味着他将被降职、撤职，甚至是被踢出公司。正是因为各自所背负的压力与责任不同，使得我们看待问题时的心态和态度也发生了变化。

有这样一则小故事：

美国著名的总统里根，有一次因为身体不舒服去医院输液。为他输液的是一位刚从学校毕业出来的小护士。由于年纪轻，没有太多经验，又是面对着当今总统，小姑娘显得很紧张，一连扎了两针都没扎进血管，她急得直冒冷汗，边扎边对里根说抱歉。

见此情景，本来疼痛难忍且一直抱怨的里根，突然想到了自己在医大读书的女儿，就再也生不起来气了，面带微笑地说："不要着急，再试一次。"在扎第三针时，终于扎准了。

小护士长长地松了一口气，不断向里根道歉。里根也语重心长地说："我的女儿将来也要为病人扎针，我希望我的女儿在将来第一次扎针时，能得到病人的宽容和鼓励。"

里根总统曾经说过，做人，要懂得将心比心。人与人之间的相处，最重要的就是相互理解。如果每个人都只从自己的角度来看问题，以自我为中心，就很容易产生矛盾。如果能够跳出这种思维模式，学会换位思考，就会有不一样的效果。

下面这个笑话，完美地诠释了我们生活中的许多冲突根源。

妻子正在厨房炒菜。

丈夫在她旁边一直唠叨不停："慢些，小心！火太大了。赶快把鱼翻过来，油放太多了！"妻子脱口而出："我懂得怎样炒菜,不用你指手画脚的。"

丈夫平静地答道："我只是要让你知道，我在开车时，你在旁边喋喋不休，我的感觉如何……"

生活中，我们难免会误解他人，或被他人误解。这种时候，我们不能用自己的左手去伤右手。激烈的冲突对于解决问题毫无帮助，只有深入地体察对方的内心世界，才有可能达成谅解。

一般说来，只要不涉及原则性问题，都是可以谅解的。谅解是一种爱护、一种体贴、一种宽容、一种理解。

将心比心，是达成理解不可缺少的心理机制。换位思考，是人对人的一种心理体验过程。它能把我们的内心世界，如情感、思维方式等与对方联系起来，站在对方的立场上体验和思考问题，从而与对方在情感上得到沟通，为增进理解奠定基础。

此外，换位思考还代表着从不同的角度看待问题，这有助于我们开拓思维，提升我们思考问题、解决问题的能力。

比如，有一位外国人，别人说他是拿破仑转世，注定有一番伟大的功绩。于是，这个人开始以拿破仑的思维方式来看问题，每每需要决策时，他都设身处地地想，如果是拿破仑他会怎么做。没想到，若干年后他成了一名了不起的企业家。

由此可见，换位思考，既是一种理解，也是一种关爱。同时，它也是开拓我们眼界，让我们可以以另一种视角、另一种身份去了解问题、处理问题的绝妙方法。

因此，在日常生活中，当我们与上司在某件事情上发生分歧时，不妨把自己假定为上司，想一想，如果我们的下属这样对我们讲话，我们会有什么感受？假设我们是上司，我们的下属指着鼻子跟我们吵，我们会容得下他吗？再假设，如果我们是上司，那么对待手头有的工作又该怎样去进行，要做到什么程度?

总而言之，学会换位思考，不但更能赢得上司的信赖，也在无形中提升了我们的能力。

6. 谨言，才不会失言

白圭之玷，尚可磨也，斯言之玷，不可为也。

——《诗经·大雅篇》

《诗经》里这句话的意思是，白玉有瑕疵,还可以打磨掉；说话有瑕疵，就没有办法补救了。尤其是在职场这个大江湖中，稍不注意言行，就可能被卷入一场纷争中去。对于那些经常和上司打交道的人来说，更要学会谨言慎行，俗话说伴君如伴虎，一旦触动了虎须，后果可想而知。

可能有的人与上级的关系相处很好，在公事上，由于双方都掺杂了一定程度的友谊，于是在合作上也较为默契，所以有的时候，说话也就较为随意。但不管怎样，对方终究是我们的上司，或许私下我们可以畅所欲言，但在公共场合，就要注意分寸了。

做下属的要想和上司处好关系，就一定要明确在公共场合切不可信口开河，贸然出言，否则一语失言，悔之晚矣！那么哪些话是我们不可触动的“虎须”呢?

（1）对上司说“这事难道你不知道”或“我早就知道了”

老子云：“知者不言，言者不知。”过多地张扬卖弄，不仅会让上司觉得你浮夸和不可靠，还会让上司产生反感情绪和戒心。我们可以看出，上面这句话中也带有明显的蔑视。如果将这句话说出口，恐怕即便是朋友也会觉得受到伤害，何况对方是你的上司，这样的话完全就是没有给上司台阶下，一句话就把自己以后的路给堵死了。

（2）接受任务时说“行啊”“可以啊”

“行啊”“可以啊”等说法在语言含义上带有批准、首肯的意味，常用在上司通过对下属的审核意见时所说。如果下属以这样的口吻去说，那么就显得有些语气轻飘了，正确的回答应该是面带尊敬的口吻肯定地回答“是”“知道”，这样才能表示你在承受命令。

（3）回答问题说“随便”“都可以”

这样的回答，会让你的上司感到你感情冷漠，不懂礼节，对什么事都采取一种漠不关心的态度。这样，你在他心中的印象就会下降一个档次，这可不是件好事情。

（4）应承任务时说“这事我办不了”

上面分配了工作任务，下属却说：“办不了。”很明显这不仅仅是一种工作的失职，而且也显现了上司没有远见，让上司的脸面过不去。这样干脆的拒绝，很容易遭遇上司的质疑，觉得你能力不够，而且你的态度也会让上司觉得你没有把工作放在心上。所以你可以试着这样说：“我想某某在这个方面比我更专业，您不妨考虑一下。”

（5）不要与上司过度客气

和上司说话应该小心谨慎，顾全大体，但顾虑过多则不足取，容易遭人误解。应该善于察言观色，以落落大方的态度去应付，当习惯成为自然，那么我们对这类情况就可以应付自如了。要克服胆小怕事的心态，越是谨慎小心，反而越容易出错，越容易被上司误认为你没有能力，谨小慎微。

（6）参与讨论时说“这事很简单，我刚描述的方案就不错”

在公司做重大决策时，要学会三缄其口，不要过多参与决策。一方面锋芒过露，会引起上司的戒备，不利于职场的发展；另一方面，个体无法负担起决策失误的后果，即使需要做出决策的判断，也应谨言慎行。

（7）做决策时说“不行是不是？没关系”

很显然的，这句话不仅过于生活化，而且摆明了是对上司的不尊重，缺少敬意。这句话还有点反宾为主的感觉，好像是对于自己给出的答案未获上司同意后，自己有点不满在里面，而且“没关系”用在这里，仿佛是上司求得了你的原谅一样。

（8）完成工作时说“你辛苦了！”

“你辛苦了”这句话，本来应该是上司对于下属表示慰问或犒劳时说的，是“上对下”的语法，如果反过来由下级对上级说，就会有妄自尊大的嫌疑。

如果我们在上司面前不小心说错了话，一旦自己察觉到了，应该学会就此打住，并且积极道歉。不要因为害怕就刻意去回避，应该面对事实，尽量避免伤害对方，要记住，一些不必要的争辩只会越辩越糟。

7. 和同事保持有效距离

物极必反，过犹不及。

——中国俗语

在职场中，同事是我们每天八小时都会在一个工作环境中的朋友，同时也是存在利益关系冲突的竞争对手。如果想要与同事保持长久而良好的关系，那么就一定要把握好和同事交往的度，特别注意不能太过亲密。

正所谓，有距离才能产生美。和同事相处的距离过近，势必彼此之间了解最深，而一旦发生摩擦，双方也必反目，彼此之间的伤害也就在所难免。“物极必反，过犹不及”说的正是这个道理。可见，和同事相处保持一定的“距离感”是很有必要的。

其实，同事之间关系好是好事。毕竟在家靠兄弟，在外靠朋友，大家都来自五湖四海不同的地方，为了同一个目标而走到了一起，是一种缘分。

但我们也要明白，同事就是同事，不是你生活中可以交心的朋友，因为你们时刻都得面对共同利益的牵扯，而且还会涉及彼此之间利益的抉择与争夺。

所以，在职场里打拼，一定要特别注意同事之间的关系。如果关系太疏远，那么就会对工作不利；如果关系太亲密，就很可能给对方留下制约自己的把柄，甚至万一对方突然有了坏的心思，那么这些把柄就成了刺伤你最好的“利器”。

当然，和同事之间保持一个什么样的距离，才可以达到亲密而又有间距的心理效应，并不能一概而论。毕竟同性和异性不同，同一性别的每一个人也有个体差异。但是有一点，不能因为近而给心理上造成恐惧，也不能因为远而使自己脱离众人的视线。

许多人都曾有过这样的经验和体会：亲密的人相互之间产生矛盾的概率，比一般人之间的要高。不错的朋友常常会因为不起眼的琐事反目成仇，多年的夫妻竟然在转瞬间就劳燕分飞，那么又何况是还有相同利益之争、和对方互为对手的同事呢？

有的人平常也会出现这样的疑惑：其实，我也想保持距离啊，可是如果关系太远吧，人家会认为你不合群，而且还不易交往；如果关系太近了吧，又容易让人说闲话，还容易引起上司误会，认为自己是在私下搞“团体活动”。那么，在职场中我们该怎样做才能与同事维持一种和谐的关系呢？

（1）异性之间切勿过分亲密无间

俗话说：“男女搭配，干活不累。”尤其是这一个汇聚人才的办公场所，男女职员同在一个部门工作是再平常不过的一件事。但是如果异性之间过于亲密，那么除了于礼不合外，还容易引起他人的误会。因此，对异性采取大方、不轻浮的态度是同异性工作交往中一个很重要的原则。

（2）同性之间要谦虚谨慎、互帮互扶

大家来公司上班都是为了生存，工作中的压力谁也不会少很多，用一颗感同身受的心态来看待同事之间的关系，那么关系将会很容易处理。因为是同性，对事情的很多看法都会有一部分的相似之处，能帮助对方的时候，就拉一把。但是我们也要切记，除了工作上的扶持外，就不要再投入过多的感情了。毕竟“人为财死，鸟为食亡”，有时候你过分的热情可能还会被对方反过来利用。

其实，职场中的每个人都几乎是在为自己打拼，没有人只是为了交朋友而来工作的。所以，每个人都要注意和同事的交往要把持一个“度”，这样才能既很好地发展自己，又能与同事和平相处，共同发展。

8. 与同事分享无关紧要的秘密

逢人且说三分话，未可全抛一片心。

——中国俗语

有句话说得好："逢人且说三分话，未可全抛一片心。"职场人际沟通中，每个人都应该抱有一份警惕之心，避免祸从口出。很多时候，我们说出的话，就如泼出去的水，想要收回已不可能，何况是自己的机密事情，很容易让人抓住你的把柄反过来利用你。

职场就像是一个染缸，也像一片江湖。我们每个人都在其中沉沉浮浮，关系也总是复杂多变。身处在这种环境之下，一定要万事小心，切记不要轻易地就把自己最为紧要的秘密告诉其他同事，以免被人利用而不自知。

在职场上，由于每个人个性不同而且用心不一，要想找到一个所谓的知己，其实并不容易。正所谓"话多不如话少，话少不如话好"。不管在哪里，我们都要有意识地为自己铸造一个防护墙，切勿随意就将自己的私密向同事全部吐露。

结交朋友或者同事，一定要讲究水到渠成。大家刚刚认识的时候，都只能说是点头之交，即便是交往一段时间之后，也不能说就完全地能够信任了。毕竟人心难测，谁也不能够保证别人就完全没有什么使坏的心理。况且在职场上，有些人之所以被同事利用，除了有些同事的别有用心，自己的轻信于人也是难辞其咎的。

所以，即便我们要博取同事的好感，想吸引住别人的目光，也要切记不要拿自己来开玩笑，我们可以适当给同事讲一些无关紧要的秘密，尽量避开一些敏感的私人问题，而且对于那些我们已经向别人承诺过要保守的秘密，也切忌说出口，这会有损我们的信誉。

办公室本来就是一个充满竞争的地方，如果我们让同事抓住我们的把柄，就很可能被利用。为了生存和竞争的考虑，最好避免在工作中建立过于亲密的友谊，这就是真正所谓的“害人之心不可有，防人之心不可无”。

当我们向同事倾诉衷肠时，一定要先考虑一下倾诉可能带来的后果。除非我们的同事是善良、诚信之人，否则，一定要管住自己的嘴巴。要知道，隐私会成为我们的对手或者敌人攻击我们的有力武器。

其实，每个人都有隐私，而且大部分隐私属于个人秘密。只不过秘密在职场上是个大忌，因为有些同事是“窃听器”兼“小广播”，如果不加小心，就会影响到自己的前程。当然，与同事保持友好的关系是必要的，但不要把同事当作无话不谈的好朋友。一旦因为我们的轻信，而让自己的隐私成为被同事利用的把柄，就会有吃不完的苦果等待着我们。

9. 不轻易向同事借钱，也不轻易借钱给同事

你想失去一个朋友，请把钱借给他。你想得罪一个朋友，请找他借钱。

——中国俗语

在职场这个特殊的场合中，同事间互相帮助、团结友爱是很好的。但我们也要明白，凡是和金钱利益沾边的事情，尤其是借钱，我们就一定不能随便应允。毕竟如果和同事为了借钱的事情发生了不愉快的冲突，那么彼此之间的关系也就会破裂。

或许在我们周围，时常会看见有不少人大吐苦水，究其原因就是为了同事之间借钱的事情伤脑筋。毕竟不借吧，有点不合情理，如果借出去，又怕真的“打水漂”。所以，在职场上，当你碰到此类事情的时候，一定要仔细考虑，并且细细斟酌其利弊。

秦龙飞是一个外贸公司的普通员工，工资虽然不怎么高，花钱的本事却不小，总是大手大脚惯了，在公司里面更是有名的“月光大神”。这不，刚刚才发完工资没两周时间，他就已经把钱花得差不多了，到了快接近月底的时候，秦龙飞就只能天天吃泡面过日子。

可这样的日子没过几天，房东就来催房租了，这下秦龙飞可慌了神，自己居然把房租到期的事情给忘光了。无奈之下，他只好向同事郑丽借钱。

郑丽和秦龙飞本来同在一个部门，平日里大家又都相处得不错，这又是秦龙飞第一次向自己借钱，并且答应发了工资立刻就还，出于情义，郑丽很痛快地说：“没问题，这就打给你。”郑丽帮秦龙飞解了燃眉之急。可过了将近两个月，秦龙飞却不提还钱的事情。

郑丽终于忍不住向秦龙飞提出疑问，秦龙飞解释说：“哎呀，小郑，真是不好意思，我这个月的工资又用得差不多了，我这人记性差，把借钱这事都忘记了。要不下次一发工资，我马上还你？我一定记得了。”

郑丽听完，气不打一处来，说好一个月就还的，居然给推脱到了三个月后。要不是自己问一下，估计他都不还了。

现实中，像郑丽这样的人不在少数。虽然当时出自一片好心地帮助了别人，但结果是大家闹得都不愉快。同事是我们在职场中“一起革命奋斗的好战友”，所以，如果不想和同事之间的关系错位或变味，就不要向同事借钱，也不要把钱借给同事。

如果真遇上了同事的苦苦哀求，那我们应该怎么办呢？首先，我们应该先了解情况，此人是否真的经济拮据，会不会如期还钱，还有，他在同事间的信誉是否良好，要是答案都是肯定的，大概这位同事确是有燃眉之急，帮个忙也是正常的。其次，如果答案刚好相反，此人出手大方，花钱无度，并非不知自爱，起码也是理财无方，就不值得帮忙。我们不妨直言相告：“对不起，我每月都有经济预算，恐怕帮不上忙。”

另外，我们也不要经常去找同事借钱，这也是一种礼节性的问题。如果别人有难言之隐，而且真的无法借出的时候，也不要老是缠着人家。

但如果我们真的是有了燃眉之急，我们该怎样开口呢？

（1）要用商量的语气

向别人借钱时，说话语气一定不要硬，更不能说些有伤于人的话，要知道我们是在有求于人。学会用商量的口气，如果对方手里真的有钱，那么是绝对不会不帮忙的。

（2）要说明归还时间

向别人借钱时，一定要说明归还时间，而且要准时还给对方。只有当我们明确了归还时间，才能使对方感到借出去的钱有了保障，这样对方才会放心地把钱借给我们。另外还要注意一定要有诚心而且说到做到，不要到时候用各种理由来推脱。

（3）借不到，也要客气

人生不可能什么事情都一帆风顺，总有不能如愿的时候。不能因为对方不借钱给你，就说出不礼貌的话。在借钱不成时，最好能和对方说："我知道你手头也不宽绰，我再到别人家看看。"

10. 开玩笑不能过分

所有的玩笑，都要注意分寸和礼貌，否则都将适得其反。

——礼仪界名言

同事之间偶尔地互开玩笑，的确能够缓解一下压力。不过玩笑如果开得太过，那么最简单的玩笑就有可能转化为别人心中最为严重的内伤，尤其是在办公室这个无风不起浪的地方，我们就更要记得，开玩笑时一定要注意一下分寸。

可能大多数人认为，自己只是想调节一下气氛，结果能有多严重？如果你的玩笑不注意尺度，正好碰触到别人的逆鳞，即使你们彼此关系再不错，也很可能会激怒对方，以至于毁了两个人之间的友谊或使同事关系变得紧张。

通常情况下，一个会开玩笑的人，不仅能为大家带去一片欢声笑语，而且还能让人记住他的风采，并且对他产生亲近感。在出现意见分歧的时候，开个玩笑或许就可成为紧张局面的缓冲剂，使同事之间消除敌意，化干戈为玉帛。这样的玩笑是值得鼓励的，因为它永远都起着积极的作用。

当然，开玩笑有时候还可以用来委婉地拒绝同事提出的要求。这样不仅不用得罪人，而且还以这种巧妙的方法推脱开去，又何乐而不为呢？其实开玩笑的主要目的，就在于“玩”，这个“玩”不是过火，如果过火就只会让对方觉得自己被嘲弄，弄不好就会滋生出很深的矛盾，结果“笑”不成反倒变成了“哭”。

其实，不仅是在工作上，在生活中也经常会因为一句玩笑话而发生口角、打斗的事情，而且有时候还闹出了人命。所以，开玩笑的内容我们一定要注意，要做到既能引人发笑，又不能影响同事之间的团结。有的人常常喜欢拿同事的笑柄来开玩笑，这等于是碰触别人的逆鳞，自然就会闹出不愉快。

那么，如何掌握好开玩笑的分寸呢？开玩笑的礼仪又有哪些呢？

（1）态度和蔼友善

开玩笑的过程是一种感情互相交流传递的过程，如果借着开玩笑对别人冷嘲热讽，发泄内心厌恶、不满的感情，那么肯定会引起对方的不满。千万不要以同事的缺点或不足作为开玩笑的目标，一定要把友善作为开玩笑的首要原则。另外不要板着脸开玩笑，这样给人的感觉就像是在冷嘲热讽一样，别人不仅不会觉得高兴，反而会觉得你正借玩笑在讽刺他。

（2）内容要高雅大方

开玩笑，如果没有知识与品格做支点，便要流于一般的低级趣味了，所以要特别注意玩笑的内容。健康、格调高雅的笑料，不仅给对方启迪和精神的享受，也是对自己美好形象的有力塑造。钢琴家波奇在一次演奏时，发现全场有一半座位空着，他对听众说:“朋友们，我发现这个城市的人们都很有钱，我看到你们每个人都买了两三个座位的票。”听众听后，发出友善的笑声。

（3）说话对象要分清楚

每个人的心理特征和性格都不相同，对玩笑的承受能力也不同。同样一个玩笑，可能会逗得甲哈哈大笑，却让乙感到气愤。尤其是异性同事之间开玩笑更不可过分，最好不要在异性面前说一些低级笑话，这会降低自己的人格。一定要根据每个人不同的心理特征和个性来平衡玩笑的度量衡，如果对方性格内向，喜欢琢磨言外之意，开玩笑就应慎重。

（4）场合要区分看明

在开玩笑时一定要看清场合，看这种场合是否可以开这种玩笑。尤其是在正规的工作时间，一般不宜开玩笑。这样会因注意力分散影响工作，甚至导致事故的发生，而且还会让老板误以为你没有在认真做事。

在办公场合开玩笑，我们一定要注意玩笑的对象，开玩笑一定要是在尊重别人的基础上，才能赢得同事的真诚相待，真正缓解紧张的气氛。

11. 和同事意见有分歧，辩论和争吵要讲方式方法

争问题肚量要宽，拉烈马缰绳要长。

——中国俗语

每个人对待事情的看法都不相同，尤其是在工作中，如果因为一点小

事，就和同事发生不必要的冲突，影响了工作那就不划算了。

办公室是一个公共场合，如果在此时你大吵大闹，不仅有损自己的形象，而且也违背了公司职员的基本礼仪素质。所以，尽快化解矛盾甚至敌对情绪，向同事展现一人宽厚的姿态，这对于一个职场礼仪人士来说非常重要。

所谓“人非圣贤，孰能无过”，为人处世要讲究“恕人”。当我们意见和同事意见发生冲突时，一定要与对方坦诚对待，通过多种手段与其进行积极沟通，把事情真相和自己的观点清楚地展示给对方，并且让对方理解。否则，遮掩、隐瞒，则会给对方造成更大的伤害，彼此心存芥蒂，最终不利于冲突的解决。

古人说：“君子坦荡荡，小人长戚戚。”如果处处工于心计、气量狭小，处处流露出小家子气，那么，不但不会取得任何真正的成功，也体会不到任何团队协作的满足与快乐，更不用说能很好地解决冲突了。

在办公室中，同事之间的争执不仅对大家的工作造成影响，而且也会对彼此的形象造成一定的影响，估计以后谁也不想和一个喜欢斤斤计较的人结交往来。

其实很多时候，在职场上大家出现分歧、争执是由于各司其职，看问题的角度不一样，但是总的来讲出发点基本上却是在维护公司利益。如果是在这个共同的前提下，那么便没有什么事情是不可以谈的。只要双方都是真诚的，看似麻烦的问题也会变得很简单。那么日常职场交往中，我们该怎样做才能化解彼此之间的矛盾呢?

（1）学会以大局为重

同事之间由于工作关系而走在一起，就要有集体意识，以大局为重，形成利益共同体。另外一定要有一个“团队形象”的观念，多补台少拆台，不要为自身小利而伤害到集体大利。

（2）学会宽容、忍让与道歉

如果和同事发生了冲突，要积极主动地去找同事化解，别等同事来找我们，虽然很多人都认为先说出对不起或者先表示让步会有损颜面，但是与轻松的工作环境和事业的快速发展相比，面子真的没那么重要，如果你让争吵恶化，那么你们两个人会一起失去友谊；如果你们重归于好，你们就都是胜利者。所以不要等待别人来解决问题，自己就应当负起责任主动化解矛盾。

（3）有异议时求大同存小异

人与人之间由于经历、立场等方面的差异，对同一个问题，往往会产生不同的看法，引起一些争论，一不小心就容易伤和气。因此，与同事有意见分歧时，一是不要过分争论；二是不要一味“以和为贵”。求大同存小异，要学会避免矛盾激化，冷静地处理事情，这样才能让争论淡化，又不失自己的立场。

当然，和同事在沟通的时间和场合上可以不必很正式。我们可以借一个机会，比如，在沟通工作的时候主动表示一下自己的态度和看法。如果觉得工作时间不方便，可以直接约一个时间一起吃顿饭，在轻松平静的情绪下交换一下彼此的看法。不一定要分出对错，关键是把事情说开，不要因此打下心结。

有人说，人在江湖身不由己，人在职场也不能免俗，和不一定为贵。在职场上会遇到冲突，绝对是一种常态，而不是“突发状态”。那么冲突之后，就要用一种平和的心态和对方沟通，缓和与同事之间的关系，切记不要让小的冲突继续“升级”。

12. 同事面前忌过分表现

满招损，谦受益。

——《尚书·大禹谟》

职场中有很多人总是喜欢在上司面前表现自己，尤其是一些刚入职场的新人，刚开始“初生牛犊不怕虎”，为了在激烈的竞争中占得一席之地，他们总是迫不及待地找机会显露自己的才能和实力，从而能尽快得到上司和同事的认可。

俗话说得好：“人心隔肚皮，虎心隔毛衣。”当我们在上司面前表现自己的时候，你看到了从旁边聚集而来的“眼光”了吗？那些与你共事的同事们是否已经开始用“异常”的眼光打量你了呢？如果你不想让自己和同事之间产生一些不必要的隔阂，那么就请收敛一下你周围闪现的锋芒吧。

其实，在适当的场合显露一下自己的才华既有必要，也是应当的，然而，如果过分地招摇自己，并且用自己的锋芒伤别人，那么也同样会刺伤自己，因为，过分地外露自己的聪明才华很多时候都会导致自己的失败。

同事之间的竞争本来就是明争暗斗的，职场上我们也都明白竞争的强势。如果毫不犹豫地向别人随便亮出自己的底牌，无疑是在向别人宣告自己想要取胜的决心，这种行为在别人的眼里就会显得分外扎眼，觉得你不仅嚣张，而且还让人讨厌。

一个聪明的人绝对不会让他人看到自己的想法，而且还会懂得“守拙”，因为如果你表现得比对方聪明，就等于否定了对方的智慧和判断力，打击了对方的荣耀和自尊心。同事是我们工作中所不可缺少的竞争对手和合作伙伴，切勿因此而让对方觉得我们太过功利，招来别人的不快。

玻尔是一位极其尊重他人，但又非常坚持真理的科学家。当他和别人的意见不同，又不得不发表时，他常常会预先声明：“这不是为了批评，而是为了学习。”这句话后来成为一句名言被人印在一期物理杂志的封面上，作为献给玻尔的生日礼物。

有一次，有人发表学术演讲，玻尔认为这个演讲“完全是瞎扯”。事实上，不但是他，现场所有人都认为这次演讲很糟糕。但即便如此，玻尔仍然热情地对演讲者说：“我们同意你的观点的程度，也许比你所想象得还要大！”

玻尔同爱因斯坦有过一场著名的长达三十年的大争论，两人的观点完全对立。但爱因斯坦认为，在反对他的阵营中玻尔是最公正最客观的一个。

正是玻尔的这种态度，使得他始终以追求科学真理为目标，最终取得了巨大的成就，而且使他深受人们爱戴，使他的为人往往比他的科学教育成就更为人们所仰慕和歌颂。

当然，不是说在职场中我们就只能默默无闻，埋头苦干。有时候，我们也需要表现得高调一些，否则，一味地甘当陪衬，不思进取，最后只能是一事无成。有锋芒是好事，也是事业成功的基础。但凡事有个限度，在某些时候，锋芒是双刃剑，刺伤别人也刺伤自己，所以运用时要加倍小心，不要让过分外露的聪明和才华阻碍自己走向成功。

古希腊著名的哲学家苏格拉底在雅典的时候，一再告诉自己的门徒说：“你只知道一件事，就是一无所知。”英国19世纪政治家查士德斐尔爵士，则更加直白地告诫儿子说：“你要比别人聪明，但不要告诉人家你比他们更聪明。”

很多时候，我们总是太过于炫耀自己，而导致自己无辜地陷入一场潜在的职场斗争中去。其实，收敛自己的锋芒，有时候也是对同事的一种尊重。

所以在职场中，我们一定要学会收敛自己的锋芒，不要让这把双刃剑伤了自己又伤了他人，这样我们才能在一条充满平静的职场之路中走下去。

第六天

礼仪训练仅需10天

接待拜访，有礼、有度、有分寸地对待客户

1. 不要让客人使用一次性杯子喝茶

坐，请坐，请上座；茶，上茶，上好茶。

——中国古代俗语

用一次性杯子招待客人喝茶是非常不礼貌的，尤其是对重要的客人，这么做是对客人的怠慢。

俗话常说："坐，请坐，请上座；茶，上茶，上好茶。"倒茶、上茶看似简单，实则有非常多的礼仪和讲究；除了所用杯子有讲究之外，还要注意客人的嗜好、上茶的规矩、敬茶的方法、续水的时机等礼仪。

（1）了解客人嗜好

倒茶之前最好让客人有所选择。选绿茶还是红茶、龙井还是毛尖，每个人喝茶口味不同，喜好也不同。如果我们能提前询问一下，不但能体现出我们对客人的尊重，还会避免出现对方恰好不爱喝什么偏偏我们倒了什么的尴尬局面。因此在以茶待客时，要尽量依照客人的爱好奉茶。要多备几种茶叶，满足客人的需要，也表达我们的待客诚意。

从健康的角度考虑，喝太过浓郁的茶对身体是不利的，尤其是中老年人。所以，在客人没有特殊要求的情况下，所上的茶水一定不要过浓。

（2）上茶有规矩

给家中的访客敬茶，用茶盘端出的茶茶色要均匀，并要左手捧着茶盘底部，右手扶茶盘的边缘，如有茶点心，应放在客人的右前方，茶杯应摆在点心右边。上茶时应以右手端茶，从客人的右方奉上，并面带微笑，眼睛注视对方。

如果是在工作单位待客，就要由秘书、接待人员为来宾上茶。接待重要的客人时，则应由本单位在场的职位最高者亲自为之上茶，以表重视。上茶也有规律可循：先为客人上茶，后为主人上茶；先为主要宾客上茶，后为次宾上茶；先为女士上茶，后为男士上茶；先为长辈上茶，后为晚辈上茶。如果来宾人数比较多，那么就采取以进入客厅之门为起点，按顺时针方向依次上茶最为妥当。

（3）敬茶方法有讲究

敬茶要注意：从客人的左后侧用双手将茶杯递到客人面前，尽量避免从客人的正前方上茶，这样不礼貌；切忌将手指搭在茶杯杯口上或是将手指浸入茶水，这些动作都是不礼貌的；上茶的同时一定要轻声附上一句“请您用茶”。

如果在上茶的时候客人正在聊天，应先道一句“对不起”，再送上一句“请您用茶”。当客人有所回应时，根据客人的反应，要么将茶送到客人手中，要么放到客人右手边的茶几上。

（4）续水时间把握好

为客人勤斟茶、勤续水才是以茶待客的完整礼仪。在客人喝过几口茶后，就应该立刻为之续水，绝不可以让其杯中茶水见底。有句俗话叫作“茶水不尽，慢慢饮来，慢慢叙”。倒茶时应注意：茶水不要太满，以八分满为宜；水温不宜太烫，以免客人不小心被烫伤。

以咖啡或红茶待客时，杯耳和茶匙的握柄要朝着客人的右边，此外要替每位客人准备一包砂糖和奶精，将其放在杯子旁或小碟上，方便客人自行取用。

当然，喝茶的客人也要以礼还礼，双手接过茶杯，点头致谢。另外，可适当称赞主人茶好。壶中茶叶可反复浸泡 3 至 4 次，客人杯中茶饮尽，主人可为其续茶，客人散去后，方可收茶。

当今社会，客来敬茶已经成为人们日常社交和家庭生活中普遍的往来礼仪。沏茶是家庭礼仪中待客的一种日常礼节，也是社会交往的一项重要内容，它不仅是对客人、朋友的尊重，也能体现自己的修养。

2. 了解一些接待外国客户的禁忌

涉外礼仪的关键是注重外国友人的礼仪风俗和习惯禁忌，这是涉外交际的重要因素。

——涉外礼仪名言

世界是很大的，风俗习惯是繁多的，要想同外国客户打好交道，就要对各国的风俗习惯有所了解。如果我们犯了外国客户的忌讳，他们会觉得我们非常没有礼貌，对他们不尊重。

那么，外国友人的忌讳都有哪些方面呢？下面我们来看一些具有代表性的忌讳。

（1）数字的忌讳

在大多数西方国家，像4、13等数字是不吉利的，甚至每个月的这些日子，有些外国人会感到忐忑不安。在接待外国客户的时候，如门牌号、酒店房号、楼层号、宴会桌次等编号最好尽量避开这些数字。

（2）动作的忌讳

同一个手势、动作，在不同的国家里表示不同的意义，比如，拇指和食指合成一个圈，其余三个手指向上立起，在美国表示“好的”，但在巴西，却是不文明的手势。

在中国，我们对某一件事、某一个人表示赞赏，我们会跷起大拇指。

但是在伊朗，这个动作是对人的一种侮辱，不能随便使用，我们想赞赏伊朗人是不能这样做的。在我国一般摇头表示不赞同，但在尼泊尔正相反，摇头表示很高兴、很赞同，某人一摇头我们就知道他并不是不满，而是很高兴。

（3）饮食的忌讳

各国的饮食习惯、习俗是有很大差别的。加拿大人不习惯吃热食，宴请也一般不安排桌席，都是随取随用。

在公开场合各国对酒的忌讳程度也是不同的。有的国家在餐桌上可以摆酒杯，酒杯里可以放矿泉水、橙汁等饮料代替酒。有些国家自己不喝酒，但其他人饮用他不反感。但有的国家要求桌子上只能摆水杯，不能出现酒杯。有些国家的人不喝烈性酒，有些国家的人连啤酒也不能喝。所以，要注意外国客户的饮食禁忌和习惯。

（4）鲜花的忌讳

一般来说，在接待外国客户的时候，很多人喜欢事先把接待的地点或者给客人安排的休息地点装饰一番，这个时候就要注意了。不同的鲜花对于不同国家的客户来说有不同的意义。比如：德国人一般不喜欢郁金香，认为郁金香是没有感情的鲜花；日本人认为荷花是不吉祥之物，意味着祭奠；意大利和南美洲各国认为菊花是“妖花”，只能用于墓地与灵前；在法国，黄色的花被认为是不忠诚的表示；紫色的花在巴西一般用于葬礼。

（5）肢体礼仪忌讳

在其他国家，还有很多不同于我国的礼仪，比如拥抱礼和亲吻礼。在接待外国客户的时候，用一些外国礼仪接待他们会让他们对我们有好感。

拥抱礼多用于官方、民间的迎送宾客或祝贺致谢等社交场合。两人相对而立，上身稍稍前倾，各自右臂偏上，左臂偏下，右手环绕对方左肩部位，左手环绕对方右腰部位，彼此头部及上身向右相互拥抱，最后再向左拥抱一次。

对于亲吻礼，在公共场合和社交场合，对外国女宾可以吻手指或手背，对外国男宾则是拥肩相抱。

3. 拜访之前要提前预约

拜访是两个人的事情，请考虑对方的时间安排和感受，突然袭击只会让你受阻。

——销售界名言

无论是拜访客户还是朋友，都要事先和对方进行沟通，约好见面的时间和地点，这是最基本的礼貌。没有预约的拜访如同在别人有序的队列中横冲直撞，打乱了他人的计划安排，会使对方非常生气，对你的印象当然不会好。

首先，要选择好预约的时间。日常的商务拜访，要提前一周左右预约；私人拜访也不要少于提前三天预约。拜访的时间应以不妨碍对方为原则，一定要注意错过吃饭时间，午饭后或临睡前的时间都是不妥当的。一般说来，下午四五点或晚上七八点是最恰当的拜访时间。

其次，要注意预约的方式。一般是电话或信函邮件预约，而电话的方式更为普遍一些。一些职场人士认为，打预约电话很简单，不就是拿起电话，拨通号码，说几句话的事吗，事实不然。这几句话怎么说，说的方式不同，结果也会迥异。

打预约电话，要注意礼貌。如果是打给陌生客户，那就更需要格外注意电话礼貌。

不妨保留完整的通话记录。有时候你打电话给对方，对方不在，也需要记录，而且要记得清清楚楚。

王兴伟是一位保险业务从业人员，他曾经给一位陌生客户打了三次电话，对方都不在，要么是外出，要么是开会去了。终于到了第四次，对方接到了电话。

王兴伟说："您好，请找刘先生。"

"我就是。"

"刘先生，您好，我是某某人寿公司。相信您的工作量一定很大，实在不好找，我找了您三次呢！"

对方说："哦，是吗，最近是有点忙。"

……

就这样，两人拉开了话题，最后成功预约了见面的时间和地点。

事实上，对方能这么快就放下心理防备，实在多亏王兴伟开头的那几句话。对方不在的信息，我们也记在心里，会让对方感受到我们很有心，且很有耐心。因此，我们一定要记工作记录，即便是一些不起眼的信息，关键时刻也会产生让人意想不到的效果。

另外，打预约电话尽量别在电话中进行产品说明，尤其是一些细节，这样会拉长通话时间，客户也不见得听得懂，或者听一听就拒绝掉，反而影响预约的目的。

当然也不能全然不提，简单介绍还是非常有必要的，这是预约成功的桥梁。正确的方法是，电话通了以后，说话一定要简洁，抓住要点。一定要站在对方的立场上考虑问题，千万不要强迫对方，要使得对方有被尊重、被重视的感觉。

成功的电话预约，不仅可以使对方对你产生好感，也便于推销工作的进一步进行。任何不约而至或不期而遇的来访者，在现代社会不仅被认为是不礼貌，甚至可能会吃闭门羹。

4. 做好拜访前的准备工作

工欲善其事，必先利其器。

——《论语》

一般来说，拜访是事先已经和客户约好会面时间，是有计划性的，拜访前因为已经确定要和谁见面，因此，应充分准备好拜访客户的有关资料。

俗话说："不打无准备之仗。"拜访客户的时候，不仅要整理好仪容仪表，还要把相关的资料、名片等都准备好，见面时候拿不出来，会影响我们的形象和可信度。

刘佳佳是北京一家高端不动产中介公司的销售人员。因为刚刚进入社会，也没什么工作经验，在约见客户时常常是顾此失彼，无法做到令客户和自己满意。

有一次，她和一位委托他们公司卖房的客户约好，第二天去他家做房屋勘察。本来，这是一项很有技术含量的工作，涉及的东西很多。需要用到简单的勘察工具，如标尺、卷尺等，也少不了基本的数据表格，北京时下二手房交易资料，等等。

她的师傅告诉她，今晚一定别忘了好好准备。可谁知道，刘佳佳只是草草地熟悉了一遍流程，就没再具体准备。结果等到第二天，她与客户见面之后，客户问了她好多专业的问题，以及关于房屋长宽等测量的技术问题，她的回答模棱两可。客户当场不高兴了。

最终，这位客户以刘佳佳不专业为由，将此事告知了她的区域经理，并将委托转而交给了邻家公司，为此，刘佳佳被上司惩罚了，险些被辞退。

有道是，好的开始是成功的一半。拜访之前准备充分，给对方留下较好的印象，不但对我们的谈话有益处，同时也有利于打造我们自身的名片。事实上，生活中不止拜访客户需要提前准备，拜访任何人，我们都不能敷衍了事。

拜访前准备，既是提高约见效率的手段，也体现出了我们对拜访对象的尊重，同时还能锻炼我们做事的严谨态度。那么说到底，我们要从哪些方面入手呢？

（1）掌握资讯

如果是拜访客户，就要了解公司的销售政策、价格政策和促销政策，尤其是在企业推出新的销售政策、价格政策和促销政策时，更要了解这些新政策的详细内容。不了解产品销售政策，就无法用新的政策去吸引客户，无法向客户推销新产品。如果是私人拜访，就要分析我们拜访的目的，了解怎样才能达到目的。

（2）有明确的目标和计划

销售人员是为了实现销售目标而拜访，私人拜访不管是求人帮忙，还是加深感情，都是有目的的。每次拜访客户，都要明白自己拜访客户的目标是什么，如何才能实现。

（3）带全必备的工具

凡是能促成拜访目的的工具都要带上，包括相关资料、名片等。

拜访客户不是简简单单地与客户见面，与客户见面后，我们要聊什么，给客户看哪些说明，都是我们必须做好的准备工作。

（4）整理好个人形象

拜访别人时，要通过良好的个人形象，向对方展示品牌形象或自身形象，以赢得好感。如果我们自身就是一副邋遢的样子，不但给别人留下不够庄重的印象，还会大大降低对方对我们的好感，不利于我们谈话的开始。自然，就更不利于双方的合作了。

可见，只有一切准备妥当，才能让客户体会到我们对他的重视。

5. 稍事寒暄，尽快切入正题

寒暄并不是客套不停，过度寒暄那就是浪费主人的时间。

——礼仪界名言

拜访是为了增进感情，如何说话、交流显得尤为重要。很多时候，拜访不成功是由于沟通中交流方式出现了问题。一般来说，拜访都是从寒暄开始，适当的寒暄能够营造一个让人轻松的交谈环境，使交谈更加顺畅。

但是寒暄并不是客套不停，过度寒暄那就是浪费主人的时间了。在拜访别人的时候，寒暄也是有技巧的。

（1）寒暄是与拜访的对象拉家常，一般来说选择一些轻松的话题或者是对方感兴趣甚至感到骄傲的话题，能够有效地拉近双方的距离。从心理学的角度来讲，人在心情放松之后，防备意识就会减弱，这样，就更容易把话题引到正题上。

（2）问一些关心的话。说一些关心的话能让对方心里感到非常舒服，不过这必须是出自真心的。

（3）说一些赞美的话。赞美能够满足对方的虚荣心理，没有人会排斥被赞美。当然赞美必须是名副其实的，否则会显得虚伪，适得其反。

（4）寒暄不要太久。寒暄一般是简单的问候和关心，为了让双方放松心情，营造良好的沟通环境，所以，寒暄不宜过长，要尽快把话题引到正题上来，不要浪费大家的时间。

一般来说，在商务拜访中，第一句交谈是最不容易的。因为我们不熟悉对方，不知道对方的性格、爱好和品性，又受时间的限制，不容许我们多做了解或考虑，而又不宜冒昧地提出特殊话题。所以，用寒暄开头是很好的开头。

如果我们能和拜访对象寒暄几分钟，并使对方发生兴趣，那么接下来的交谈就容易多了。寒暄要自然，语言和气亲切，表达得体，当然，最重要的是简洁。总的来说，拜访的目的并不是为了寒暄，所以也没有必要浪费太多时间在寒暄上。

6. 笑脸相迎还要笑脸相送，结尾和开头一样重要

伸手不打笑脸人。

——中国谚语

有拜访，自然就有接待。拜访要讲究礼仪，接待当然也要讲究礼仪。就接待而言，应注意全面考虑，迎接客人需要周到安排。

从接待场所来看，一般情况下，不管是公司还是自己家中，都会有类似会客室的场所存在。在客人到达前要根据具体情况，把会客室精心收拾一番，比如一般情况下应先打扫卫生，适当准备一些香烟、水果、饮料、茶具，摆放一些鲜花等。如果是商业或其他公务性质的会谈，还应准备一些文具用品和可能用上的相关资料，以便使用和查询。

迎接客人之前要了解客人是乘坐什么交通工具而来。如果是带车来访，那么就在自家门口做好准备即可；如果是乘汽车、火车、飞机、轮船而来，就应做好接站的准备，要给人以热情、周到的感觉。

在商务谈判中，在门口接待是最有礼貌的，这样会令谈判和沟通非常容易。如果坐在自己办公室“守株待兔”，由你的秘书代替你迎接来访者，这样很容易使谈判破裂或者是给来访者留下不受重视的感觉。

迎接客人时要使用问候语，虽然不需做出书面准备，但见到客人时要说“欢迎您的到来”或者“欢迎光临”。如果是重要的商务、公务接待，还要准备一些欢迎标语，以示对来访者的尊敬。

此外，凡事都讲究个“有始有终”。迎接工作做得非常到位，并不代表可以不重视送客。如果说迎接客人时重视礼仪，能够给客人一个好的印象，那么送客时注意礼仪，就能够加深客人对你的好感。

客人告辞的时候，要婉言相留。无论接待什么样的客人，一般都应婉言相留，这虽是客套辞令，但也非常重要。

客人告辞时，在客人起身后再起身。如果是家里接待客人，最好叫家中成员一起送客出门。分手时应充满热情地招呼客人“慢走”“再见”“欢迎再来”“常联系”等。在办公室接待客户，如果没有紧急事件，更要亲自送出公司，以表重视。

送到门口之后，要目送客户离去。即使你送到了家门口或者公司门口，也不要立即离去，应在客人的身影完全消失后再返回。否则，当客人走完一段路再回头致意时，发现主人已经不在，心里肯定不太高兴。

另外，送客返身进屋后，应将家门或者办公室门轻轻关上，不要使其发出声响，尤其不能让客人听见。那种在客人刚出门的时候就“砰”的一声关上门的行为，是非常不礼貌的。

送客时不要急躁。不管遇到什么问题，送客时一定不要心神不安，表现急躁，否则客人会误解这是在催他赶快离开。

一个好的结尾有时候比开头更重要，如果你最后让客户不满，那么之前的交谈可能就前功尽弃了。

第七天

商务谈判，良好的礼仪决定谈判的结果

1.重视寒暄和问候，不要一开始就直奔谈判主题

闲谈是商务谈判准备工作中最关键的部分。

——商务礼仪名言

在商务谈判中，可以说闲谈是准备工作中最关键的部分。在职场上，有些人尽管在业务上很精明，但人却很老实，遇到客户不知道如何找切入点，有时与客户一见面，没有经过寒暄和问候，就直奔主题，结果往往难以达到预期的效果。

因此，一定要重视谈判前的准备工作，比如寒暄、打招呼、相互问候、谈论一些与谈判无关的轻松话题等，尽管寒暄和问候从表面上看来好像是与实质谈判无多大关系的环节，但它在整个谈判中的作用却是不可缺少的，它对谈判双方的思想、情绪和行动都有着相当大的影响。

在谈判时，营造一个友好的、和谐的谈判气氛是促使谈判顺利进行的关键，如果我们主动与对方打招呼、寒暄，那么无异于是在向对方宣布：我坦率地打开心扉，我愿意与你建立良好的人际关系。这样的表态，自然能够获得对方的好感，从而消除谈判双方的紧张情绪和敌对戒备心理，使谈判双方都能以轻松的姿态开始谈判。

最主要的是，寒暄和问候还能够让我们获取到有用信息。一个有经验的谈判者能透过相互寒暄时的那些应酬话，掌握谈判对象的背景材料。比如他的性格爱好、处事方式、谈判经验、工作作风，等等，从而进一步找到双方的共同语言，为相互间的心理沟通做好准备，这些都对谈判成功有积极的意义。

日本著名企业家松下幸之助，在他刚开始创业的时候，曾有过这样的遭遇。

有一次，他去东京和一位批发商谈判。双方刚一见面，那位批发商立即上前，以一种友善的语气与他寒暄说："这是我们第一次打交道吧？之前我还在想，有没有见过您。"

批发商这样问的真正目的在于，想用寒暄的托词来了解松下幸之助，究竟是生意场上的老手还是新手。因为缺乏谈判经验，松下幸之助当即恭敬地回答道："这是我第一次来东京，什么都不懂，还请您多多关照。"

正是这个极为平常的寒暄答复，使得批发商获得了一条极为重要的信息：对方原来只是一个新手。

于是批发商接着问："那么你打算以什么价格出卖你的产品？"松下如实地回答道："我的产品每件成本是30元，我准备卖35元，您看怎么样？"

松下的话再一次让批发商了解到，他这次是初来东京，而且急于为产品打开销路，因此正好能够趁机杀价。于是，该批发商说道："你看你第一次来东京做生意，那么在刚开始最好要先打开销路，每件30元怎么样？"

由于没有经验，在这次交易中，松下幸之助把自己的底全都透露出来了，不同意也没办法了。事后回想起这件事，他自己也感慨，在这次生意中他吃了大亏。

由此可见，通过表面上的寒暄完全可以了解到对方的虚实，从而为自己在谈判中赢得主动。同样，如果在寒暄试探之中暴露了自身的底细，也会导致被动与失利。因此要使寒暄达到预期的交往目的，就必须遵循一定的礼节。

寒暄和问候是我们在商务谈判中不可缺少的重要内容，是人与人之间表达情感的一种方式。它如同是我们的一个开场白，是增进谈判双方相互了解和友谊的重要方式。

总而言之，在谈判时，不要一上来就直奔主题，这只会让对方认为我们比较鲁莽，不妨和对方寒暄几句，说不定我们的谈判就会因为这几句寒暄而获得成功。

2. 懂得倾听，是谈判最基本的礼仪

如果你想给对方一个你丝毫无损的让步，这很容易做到，你只要注意倾听他说话就成了。

——美国谈判学家卡洛斯

在商务谈判中，倾听是最基本的礼仪，一个优秀的谈判者，也一定是一个很好的倾听者。美国谈判学家卡洛斯曾说过："如果你想给对方一个你丝毫无损的让步，这很容易做到，你只要注意倾听他说话就成了，倾听是你能做的一个最省钱的让步。"

可见，在商务谈判中，让谈判双方了解和把握对方观点与立场的主要手段和途径就是倾听。实践证明，只有在清楚地了解对方观点和立场的真实含义之后，才能准确地提出应对方针和政策。因此，作为商务谈判人员，一定要懂得倾听，并且在认真、专注倾听的同时，积极地对讲话者做出反应，以保证谈判的顺利进行。

业务人员张振超最近和某公司达成了协议，对方愿意购买他们的产品。但是在价格上以及详细使用细则上，双方却产生了不同的观点。于是，双方各派了代表进行谈判。

谈判中，对方首先陈述了他们的观点，但往往没等他们说完，张振超这边就会有人站起来进行反驳，却没有一个人去注意对方说了些什么，每个人都在想着自己该怎么把对方顺利拿下。结果整个谈判现场乱哄哄的，最后大家不欢而散。

最后对方在离开的时候说："不得不说，我们的合作无法继续下去了，你们甚至都不听我们在说什么，这样的谈判也没有任何的意义。"

的确，在谈判过程中，如果我们只考虑自己的观点，而不聆听对方的观

点和意见，谈判怎么会成功呢？所以，在商务谈判中应认真仔细地倾听对方的发言，充分了解对方的观点和真正的动机，从而做出正确的反应，这样，我们才能达到预期的目的。

对于那些缺乏经验的谈判者来说，其最大的弱点就是不能够耐心地听对方发言，他们总认为自己的任务就是谈自己的情况，说自己想说的话和反驳对方的意见。因此在谈判中对方在陈述的时候他们总是显得心不在焉，总在心里想下面该说的话，不注意听对方发言，许多宝贵信息就这样错过了。

这样的想法可以说是完全错误的，很多人总认为优秀的谈判员是因为说得多才掌握了谈判的主动权，但事实上那些真正优秀的谈判员在谈判时把50%以上的时间用来倾听。边听、边想、边分析并不断向对方提出问题，以确保自己完全正确地理解对方。因此他们在倾听中获得大量宝贵信息，增加了谈判的筹码。

那么，在谈判中我们如何才能做到有效倾听呢?

（1）要全神贯注

在倾听对方谈话时，我们必须要做到集中注意力。这就要求我们在倾听对方发言时要特别聚精会神，同时，还要配以积极的态度去倾听。要避免心不在焉、“开小差”的现象发生，避免将注意力分散到研究问题对策上去。有耐心地倾听对方讲话也是一名合格的谈判人员个人修养的体现。

我们也可以通过记笔记来集中精力。因为人们即席记忆并保持记忆的能力是有限的，为了弥补这一不足，在谈判中记笔记是必不可少的，也是比较容易做到的用以清除倾听障碍的好方法。

（2）要心胸开阔

谈判人员要抛弃那些先入为主的观念，先入为主的倾听往往会曲解说话者的本意，忽视或拒绝与自己心愿不符的意见，这种做法实为不利。因为这样会导致我们不能从对方的立场出发来分析对方的讲话，而是按照自己的主观框框来听取对方的谈话。那么这样做的结果往往就是听到的信息发生变化时反映到自己的脑中，导致本方接受的信息不准确、判断失误，从而造成行为选择上的失误。因此，我们要心胸开阔，这样才能正确理解对方讲话所传递的信息，准确把握讲话者的重点，才能认真听取、接受对方的反对意见。

（3）适当的赞赏

在对方说话时，我们可以通过某些恰当的方式，如目光的注视，关切的面部表情、点头称许、前倾的身姿及发出一些表示注意的声音，显示出对谈话的兴趣，促使讲话者继续讲下去。

也可以在对方说话时以“是”“对”等表示肯定，在对方停顿时，也可以指出说话者的某些观点与自己一致，或者运用自己的经历、经验说明对讲话者的理解，有时可以适当复述。这些方式都是对讲话者的积极呼应。

（4）约束自己的行为

当我们在倾听对方谈话时，要学会约束自己、控制自己的言行，不能够因轻视对方而抢话、急于反驳或者放弃倾听。急于抢话纠正别人说话的错误，或用自己的观点来取代别人的观点，这是一种非常不尊重他人的行为。因此，抢话往往会阻塞双方的思想和感情交流的渠道，对创造良好的谈判气氛非常不利，对获得良好的收听效果同样不利。这不仅会影响自己倾听，也会影响对方对你的印象。

即使当我们内心不同意讲话者的观点时，也不能把对方的话当成耳旁风。一定要避免在谈判桌上产生争论。即使你不同意对方的观点，也应等对方说完以后，再阐述自己的观点。

在商务谈判中，我们应该把自己置于一个什么样的位置上，以一种什么样的姿态来听取对方的发言和意见，并迅速对此做出正确判断和反馈，这不仅取决于谈判者完善的自我表达，更取决于谈判者高超的倾听技巧。如果你要掌握谈话的技巧，那么就必须学会倾听，善于倾听，这是一个优秀谈判者的基本技能，也是谈判最基本的礼节。

3．如何插话才不会引起反感

打断他人的话，无疑是一种失礼的行为。

——礼仪界名言

在商务谈判中，打断对方的话是一种不礼貌的行为，但是，我们在倾听中适当地插话却是必要的。因为不时地进行语言反馈，能够表明你一直在积极地听。同时对方也可以在你的语言反馈中得到肯定、否定或引导，这对于谈判顺利进行是有利的。

那么，我们如何才能使自己的插话不让对方误以为是在打断他的话而引起反感呢？这就需要一定的插话技巧。插话的关键在于适当，而不是乱插话，乱插话只会带来不必要的麻烦，还有可能导致谈判的破裂。一般来说，有这样几种情况是插话的契机：

（1）当对方在说话间歇喝茶、点烟，或者思考问题或整理思路时，这时候我们可以插话提示对方。比如“您刚才说有三点意见，这是第二点，那第三点呢？”“您所说的问题我都明白了，请进行下一个吧”等这类插话，可以起到一个明显的“承上启下”的作用，而且还能给对方以启示和引导。

（2）当对方说话稍有停顿时，你可以插话要求补充说明。在谈判的时候，如果对方在说话的时候稍微停顿了一下，或者在讲述到某一点时暂时地停顿，那么在这个时候我们可以插话要求补充。打个比方，我们可以说：“请再说下去。”“还有其他情况吗？”“那么后来怎么样了？”像这类语言，能够让对方的谈兴更浓，从而把更多的想法和情况告诉你。

（3）在对方谈话间歇的瞬间给予简单的回答，肯定对方的所述。比如“是那样的，没错”“我理解您的意思”“太有可能了”“是需要考虑到这一点”等，这种插话，可以表示对对方谈话的赞成、认同、理解，使谈判气氛更加融洽和活跃。

并不是任何时候的插话都能够为对方带来好感，这就需要我们抓住插话的时机，否则，难免会引起别人的不快。在商务谈判中插话时，我们还可以使用“重复”和“概述”两种方法。

“重复”从字面意思上来说就是把对方的话复述一遍。如果使用得及时和恰当，往往能使谈判避免停顿和中断，可以收到很好的效果。比如，当我们的谈判对手谈及一个新的问题时，为了明确含义或突出其重要性，我们可以这样来重复：“您的意思是不是……”“我想您大概想讲……”“您认为这很重要吗？”

而如果我们碰到的谈判方是一个条理不清、组织语言能力较差的人时，那么就需要我们抓住机会对对方的言语进行一定的整理，以防其杂乱无章地“信口开河”。这里，比较有效的整理方法就是概述。

概述的方法很多，比如说“您刚才说……”“用您的话讲，这就是……”“总而言之，你认为不外乎……”这样的概述会给人以礼貌的感觉。对于谈判者来说，他们往往都喜欢别人理解自己的意思，如果你表达出他想说而没能说清楚的话，就很容易赢得他的好感，而这对谈判是有好处的。

需要记住的是，在概述的时候我们应紧扣主题，突出重点，理出头绪，丢掉与主题无关的废话，以保证谈判的顺利进行。比如我们可以这样说：“听您的意思，大致有这样几个问题……”然后罗列几个要点，使问题显得清晰。

在谈判中，尊重对方的发言是最重要的，如果要插话，那么插话的关键就是“插”得适时，如果你不管对方是否还有话要说或者正在陈述要点时总是无休止地去打断对方的讲话，同时频频改变话题，那么，必然会使谈判无法正常进行下去。

例如下面的谈判：

“请看，这是我们厂最近生产的新品，这一款造型新颖，整个曲线流畅简洁……”

“说到曲线流畅简洁，这让我立即想起我们公司去年生产的那一款，那真是……”

“是这样的，这种款式的机身，目前在我们国内还是首创，之前那批货刚刚上市，不到三天就被抢购一空，真是难得的畅销货……”

“要说畅销货，我觉得还是我们公司刚出的那款机子，不管是年轻姑娘、小伙儿，还是中年妇女、大叔，甚至上了年纪的人，都很喜欢，真是……”

如此频繁地打断对方的讲话，必然会造成谈判中断停止，而且还会让对方产生反感。因此，在商务谈判时，如果我们要插话，那么一定要选准插话的时机，掌握好分寸。如果你口若悬河，滔滔不绝，唠叨个没完，那么无疑是一种失礼的行为，同时，会让对方对你产生厌烦情绪。

4. 讨价还价的目的是双赢，而不是吵架

讨价还价不是吵架，可以说它是商务谈判的中心环节。

——商务礼仪名言

在商务谈判中，大家为了自己的利益斗智斗勇，这样的事情实在太正常不过了。关键是我们如何运用有效的手段，化解存在的矛盾和冲突，那么就需要磋商。

在谈判过程中，磋商阶段也就是讨价还价，可以说它是商务谈判的中心环节，也是整个谈判过程中所围绕的重点。我们经常会看到谈判双方在讨价还价的过程中互不相让，结果最终没有谈拢，双方都失去了机会。为什么会这样呢？

其实他们并没有认清讨价还价的真正意义。讨价还价的最终目的是能够做到双赢，而不是吵架。如果在谈判中双方都想着把对方压倒，那么双方最后都得不到什么好处，而且彼此将很可能会失去以后合作的机会。而只有双

方都是赢家的谈判才能使以后的合作持续下去。

主要来说，讨价还价之所以会演变成“吵架”，主要原因有以下三方面:

（1）唯利是图

这是谈判双方共同的大忌。要知道，如果谈判双方只关心自己的利益，一门心思去谋求最高的利益而忽略了对方的利益，只考虑自己的需求，把对方的需求抛掷一边，也不从对方的角度去看一下问题，那么在整个讨价还价的过程中，往往会言而无据，信口开河，一方漫天要价，而另一方则拼命压价，最终导致谈判的失败。

（2）缺乏诚信，不守承诺

在商务谈判中诚信原则可以说是我们必须要遵循的原则，但在现实的讨价还价中，谈判双方不惜采用“声东击西”“边打边谈”“虚虚实实”等伎俩，甚至使用“放烟雾弹”“暗盘交易”等更加恶劣的手段。这无疑缺失了最起码的诚信，使双方的合作大打折扣。

（3）缺乏讨价还价技巧

很多没有经验的谈判者都会犯“直来直去”的毛病，在谈判过程中想说什么就说什么，有多少就说多少，是什么就说什么。结果轻易地把自己内心的想法和感情流露了出来，暴露了自己的意图和计划。要知道在商务谈判中，如果过于直率和坦白，那么无异于把谈判的主动权拱手让给了对方。

还有些谈判者不习惯或者不愿意讨价还价，往往是把价格一次让到位或“一口价”，根本就不留给对方讨价还价的空间和余地，这无疑是在告诉对方愿买则买，不买拉倒。这样不仅降低了对方在心理上的满足程度，而且也降低了成功合作的可能性。

可以说，谈判就是在追求自身最佳得益的前提下，获取最有利的交易条件。但谈判的最终结果并不一定就是“你赢我输”或“你输我赢”，如果我们不改变这种观点，那么讨价还价只会演变成一种吵架。

因此，面对谈判双方的利益冲突，谈判者应重视并设法找出双方实质性利益之所在，在此基础上应用一些双方都认可的方法寻求最大利益的实现——双赢。

在绝大多数的谈判中，双赢都是存在的，它可以满足双方利益的需要而且还能促进彼此的再次合作。

因此，为了取得“双赢”的谈判结果，谈判者应把握以下几点原则：

（1）注重利益，而非立场

对于商务谈判的双方来说，利益是他们实质的需要和欲望。因此，立场成了谈判者利益上的形式要求，要使谈判基于利益而不是在立场上讨价还价，那么首先要使谈判双方能够换位思考，相互体谅。试想一下，如果谈判中一方索取无度，漫天要价或胡乱杀价，那么难免会导致谈判充满火药味和敌对态势，谈判双方应将心比心，互相体谅，这样才可能使谈判顺利进行并取得皆大欢喜的结果。因此，作为谈判双方来说，应该在认真思索自己的需要和利益的同时还要站在对方的角度考虑一下对方所希望获得的利益。如果谈判双方在具体问题上可以采取灵活的态度，问题就能迎刃而解。

（2）平等协商原则

“双赢”的结果建立在平等协商、相互尊重的基础上，在商务谈判中，任何一方仗势压人、以大欺小，都无法达成“双赢”。

（3）准备替代方案

谈判双方最初拿出的方案都是对自己非常有利的，而双方又都希望通过谈判获得更多的利益。因此，在最初的方案得不到实施时，我们如果仍然坚持自己的立场那么就会使谈判陷入僵局或合作失败。而经过双方协商、妥协、变通后出现的替代方案往往能使双方谈判者脱离一个情况不乐观的谈判。

（4）对事不对人，就事论事原则

在商务谈判过程中，当谈判双方各执己见时，这时候谈判往往容易出现僵局。但无论双方为了维护各自的利益争论得多么激烈，也无论讨价还价得多么苛刻，始终都要将谈判者的问题与实质利益区分开来，决不能因为话不投机而恶言相向，甚至对号入座，进行人身攻击。

要正确地提出自己的看法。比如和谈判对手共同讨论彼此的见解和看法，切不可因自己的问题而责怪对方，一定要给对方留面子，尊重对方的人格。要保持一个适当的情绪，建立融洽的谈判气氛，特别是在激烈争执时，人们往往认为事关重大而有受到威胁的恐惧感，从而产生愤怒。

所以，当彼此之间出现偏差时，要学会控制自己的情绪，千万不能针锋相对，否则只会导致激烈的争吵。还有一点就是要增进沟通，有时候谈判双方因为文化和历史背景等不同，会出现沟通障碍。有时候谈判时出现分歧并不一定是利益冲突，因此，要明白发生分歧的原因出在哪一个环节，只有对症下药才能有效地解决双方之间意见不一致的问题。

记住，谈判是处理双方利益关系的过程，我们彼此的共同目的并不是吵架，而是一起实现双赢，因此，我们要按照一定的原则去进行谈判，就一定能够取得双方满意的结果。

5. 要注意身体语言的作用

你的身体会说话。

——礼仪界名言

在商务谈判中，最重要的就是沟通。有时候，沟通并非一定就是在口头上完成的，事实上，眼神、手势或姿势能比言语传达更多的信息。因此，在谈判时留意并研究对方的身体语言所传达出来的有用信息，对我们来说是非常有价值且有助于你谈判成功的。

身体语言在商务谈判中的作用有三点：

（1）增强我们语言的表达力

当我们运用语言行为来沟通思想、表达情感的时候，往往会有些词不达意的地方，因此需要同时使用非语言行为来进行辅助，以弥补语言行为的局限；或者对我们言辞的内容加以强调，使自己的意图得到更充分、更完善的表达。

（2）代替我们的有声语言

有时候，在一定的条件下，身体语言还具有替代我们的自然语言，而且无法被自然语言取代的独特作用。就像《三国演义》中诸葛亮在面对司马懿的兵临城下时，果断命令打开城门，让一群老弱残兵清扫街道，而自己却稳坐在城楼之上抚琴，神态自若。司马懿反复观察，思考再三，认为城中必定设有伏兵，便急忙引兵撤退。空城计的成功，充分显示了身体语言具有自然语言不可替代的独特作用。

（3）能迅速传递、反馈信息，增加互动性

当我们在沟通交流时，身体语言可以维持和调节沟通的进程。如点头表示肯定；抬眉则表示有疑问；当眼睛不注视对方时，意味着谈话结束了。简而言之，调节肢体动作可帮助交谈者控制沟通的进程。因此，非语言暗示，如点头、对视、皱眉、降低声音、改变距离等，都是在向我们传递信息。

下面是我们常见的几种使用身体语言的情况：

（1）擦眼镜者

当我们在谈判过程中发现我们的对方摘下他的眼镜并且擦拭时，这是一个适当停止的线索。因为擦拭眼镜是擦拭者正在仔细考虑某一论点的信号。因此在擦拭开始时，不要再施加压力，让对方有足够时间考虑，等眼镜再挂上鼻梁时，再重新谈判。

（2）膝盖发抖者

与膝盖发抖者商谈会让人产生一种挫折感，不过它有立刻呈现目标的好处；我们必须要学会让对方的膝盖停止发抖。如果你不这么做，谈判不会有任何的进展。

那么我们要用什么样的方法让膝盖发抖者停止发抖呢？我们可以让他站起来，或者喝点饮料或散散步提提神。因为你知道现在你的对手坐着的时候会膝盖颤抖，所以你必须在散步、走路时完成交易。美国前国务卿亨利·基辛格是运用此技巧的佼佼者，也是“走路谈判”的大力提倡者。

（3）抽烟斗者

在谈判时，可以说烟是一个媒介物。喜欢抽烟者经常会运用烟斗作为谈判的支持物。在对付这一类对手时，主要策略就是躲避他们，尽量不吸引抽烟斗者的注意。比如在抽烟斗者伸手拿打火机时，这是我们应停止谈话的线索。而当他点好烟开始吞云吐雾时，你再继续你的谈话。如果我们能够巧妙地除去此支持物，那么对我们的谈判来说是十分有利的。

我们可以选择盯住烟斗，因为烟斗终究是要熄灭的，会被暂时放在烟灰缸或烟斗架上，在对方有重新拿起烟斗的冲动之前，给他一页资料、一本小册子，或任何能令他参与你的谈话的东西。

（4）松懈的对手

在商务谈判中，有些人会精神松懈，他们表现的样子是坐不直，垂头丧气，对谈判的内容一点也不关注。

松懈的对方对我们来说并没有什么不好，但主要问题是，如果意见的沟通过于不精确，会阻挠谈判的进行。那么这时候需要让对手紧张、严肃一点，这就需要眼神的接触。当你要谈判另一要点时，运用眼神接触并确定你的对手是否同意，不管是如何松懈的人，几乎都会对眼神接触有所反应的。

（5）紧张的对手

很多人在面对面的商务谈判时会有恐惧感，比较明显的身体表现是神经紧张、焦躁不安，甚至身子僵直。他们的谈话过于僵硬、不自然。这时候就需要来放松对手的表情，让他有宾至如归的感觉。

安排一个比较舒适的座位，或者采取主动，松解你的领带，卷起你的袖子，来表示一切会很舒适轻松的。有些人太紧张了，结果如果你不小心的话，他们会让你也开始紧张不安。一定不能让这种事情发生，因为在谈判中没有人想紧张、焦躁。每个人都想拥有舒适愉快的感觉，所以如果你能消除对手的紧张不安，那么他会觉得好一点，对你心怀感激，这有助于谈判的成功。

简言之，尽管每个人都想轻松地进行谈判，但事实上我们并不可能真正的轻松。你必须时刻谨慎，注意观察你的对手，并不断地思考如何影响对方接受你的看法。

部分肢体语言代表的意义：

微笑——表示同意或满意；

眉毛上扬——表示不相信或惊讶；

走动——表示发脾气或受挫；

扭绞双手——表示紧张、不安或害怕；

手指交叉——表示好运；

眯着眼——表示不同意、厌恶、发怒或不欣赏；

懒散地坐在椅中——表示无聊或轻松一下；

双手放在背后——表示愤怒、不欣赏、不同意；防御或攻击；

坐在椅子边上——表示不安、厌烦或提高警觉；

坐不安稳——表示不安、厌烦、紧张或者是提高警觉；

摇头——表示不同意、震惊或不相信；

抬头挺胸——表示自信、果断；

点头——表示同意或者表示明白了、听懂了；

上身向前倾——表示注意或感兴趣；

晃动拳头——表示愤怒或有攻击性；

鼓掌——表示赞成或高兴；

打呵欠——表示厌烦；

轻拍肩背——表示鼓励、恭喜或安慰；

搔头——表示迷惑或不相信；

正视对方——表示友善、诚恳、外向、有安全感、自信、笃定等；

咬嘴唇——表示紧张、害怕或焦虑；

抖脚——表示紧张；

环抱双臂——表示愤怒、不欣赏、不同意；防御或攻击；

避免目光接触——表示冷漠、逃避、不关心；没有安全感、消极、恐惧或紧张等。通过身体语言，我们可以了解和挖掘出对方的信息或者想法。不论你的对手是否由言语或揉弄头发向你传达了信息，你必须对此信息做出适当的反应，以利于谈判的顺利进行。

6.拒绝，别直接说不

说不，是一种技巧也是一种艺术。

——礼仪界名言

在商务谈判中，讨价还价是正常的。但如果对方提出的要求或观点，与自己相反或相差太远，这就需要我们拒绝、否定。

不过，为了不影响双方本次或下一次交易的可能，我们的拒绝必须做到有理有据，合乎礼仪，让对方无话可说。要想做到这一点，那就要采用一些巧妙而委婉的拒绝方式，设法不让对方或自己陷入紧张状态之中，使对方能比较痛快地接受这一信息。

如果我们直接说“不”的话，难免会伤到对方，使谈判出现僵局。因此，高明的拒绝应是审时度势、随机应变、有理有节地进行，让双方都有回旋的余地，以达到成交的目的。这时候，要记住千万不能开口说抱歉。因为我们的拒绝并不是欠对方什么，而的确是从我们自身出发的。

一句话，在表达意见和感受的时候，一定要做真诚的处理。我们的

“不”字，通过什么方式来传递给谈判的对方，其所呈现的结果是不一样的。因此，在拒绝的时候我们不仅仅是说一个“不”字，最重要的是传递这个“不”字的过程和内容。

那么具体的拒绝的礼仪方式有哪几种呢?

（1）幽默拒绝法

如果对方提出的不合理要求我们无法满足，又不能轻易与对方交恶，那我们不妨用轻松诙谐的语言来否定对方，或者讲述一个精彩的故事让对方能够听出自己的弦外之音。这样，既避免了对方被拒绝的难堪，又转移了对方被拒绝的不快。

一位洗发水公司的产品经理，在当着客户的面抽检产品的过程中，发现其中有分量不足的次品。这时，客户趁机以此为筹码，开始向他不依不饶地砍价杀价。

对此，该产品经理也是颇为被动。突然，他灵光一闪，微笑着和对方负责人说：

“我曾经看到过一个故事，有一家专门为美国伞兵生产降落伞的军工厂，产品的合格率总是达不到百分之百，基本上每一万件产品中，就有一件产品不合格。

这就意味着，每一万名士兵在使用降落伞时，都会有一个因降落伞质量问题而牺牲。

对此，军方表示无法接受。于是，后来在抽检产品时便由军工厂的负责人亲自跳伞。从那以后，这个军工厂生产的降落伞合格率达到了百分之百。

我现在做的正是那位负责人的工作啊，您说是吗。当然，如果贵方在提货后，能够将那瓶分量不足的洗发水赠送给我，那么我将与公司负责人一同分享这份意外之财，这可是我们公司成立 8 年以来，首次碰到使用免费洗发水的好机会啊。”

听了产品经理的这番话，对方的负责人果然不再纠缠。

幽默诙谐的拒绝不仅能够转移对方的视线，还能够将拒绝否定的理由阐述出来，既不伤害对方的面子，也能把自己的难处说出来，能够让对方轻松接受。比如当对方在价格上对你不依不饶时，不妨幽默地说：“如果贵方坚持这个进价，请为我们准备过冬的衣服和食物，你们总不忍心让员工饿着肚子瑟瑟发抖地为你们干活吧！”

（2）诱导否定法

当对方在提出要求或者问题时，我们并不需要马上正面地去回答，而是可以先讲一点理由，提出一些条件或反问一个问题，诱使对方对自己的问题进行自我否定，自动放弃原来提出的问题。

1972年，美苏刚刚签署关于限制战略武器的四个协定，身在莫斯科的基辛格向随行的美国记者团介绍情况。

当他说到“苏联生产导弹的速度每年大约250枚”时，一位记者顺口问道：“那我们呢？有多少潜艇导弹在配置分导式多弹头，有多少‘民兵’导弹在配置分导式多弹头？”

基辛格闻言答道：“尽管我知道，但我不知道是不是应该保密。”

记者回答说：“不保密。”

“不保密的吗？那你说是多少呢？”记者愣了一下，随后就不再继续追问这个问题了。

其实基辛格运用的正是一种诱导的方法，诱使提问者陷入了自我否定之中，解除了回答之难。在商务谈判中，我们同样可以运用此法来诱导谈判对方进行自我否定。

（3）迂回补偿法

在商务谈判中，有时候仅仅凭借着以理服人、以情动人是不够的，毕竟对于谈判双方来说最关心的是切身利益，断然拒绝不仅会激怒对方，甚至还可能终止交易。但如果我们在拒绝的时候，在能力所及的范围内，给予适当的优惠条件或补偿，往往会取得曲径通幽的效果。比如有一位自动剃须刀的生产商在面对经销商坚持降价的要求下，对经销商说：“这个价位不能再降了，这样吧，再给你们配上一对电池，既可赠送促销，又可另作零售，如何？”经销商自然觉得尽管产品在价格上没有变，但获得了额外的价值，自然不会再说什么。

（4）移花接木法

所谓移花接木，就是在谈判中如果己方无法满足对方的条件时，可以委婉地设计双方无法跨越的障碍，既表达了自己拒绝的理由，又能得到对方的谅解。如“很抱歉，这个超出我们的承受能力……”或者“除非我们采用劣质原料使生产成本降低50%，才能满足你们的价位”。

这样做的目的就是暗示对方提出来的要求太高了，可望而不可即，从而促使对方妥协。当然，我们也可以运用法律、制度、惯例等无法变通的客观限制，如“如果法律允许的话，我们同意”“如果物价部门首肯，我们无异议”，等等。

（5）先肯定，再否定

我们每个人都渴望被了解和认同，在商务谈判中，我们可以利用这一点从对方意见中找出彼此同意的非实质性内容，并予以肯定，产生共鸣，造成“英雄所见略同”之感，借机顺势表达不同的看法。

一家玩具公司的经理，在面对经销商对产品质疑时，很坦然地说：“的确，我们的品牌并不知名，但那是因为我们将大部分经费都用在了产品研发上，生产出了很多样式新颖时尚、质量上乘的产品，这些产品自面市以来即产销两旺，有些地方竟然脱销……”

先给予肯定，可使对方在心理上更轻松地继续接受信息。虽然后来转折了，但这种婉转的方式，对方是较容易接受的。社交中这也是常用的拒绝方法。

不要以为在拒绝的时候直接说“不”就可以了，如果你这样说的话说明你非常没有礼貌，且引起对方谈判人员的反感。如果我们能够学会以上的几种方法，那么在拒绝的时候就不会让对方感到难堪了。

7. 签约仪式上的礼仪

口说无凭，立此为据。

——中国俗语

所谓签约，就是合同的签署。在商务交往的实践中，尽管君子协定、口头承诺在一定程度上有作用，但更有效的还是“口说无凭，立此为据”的文字性合同。

因此，签约仪式在商务交往中被视为一种标志，标志着有关各方的相互协商取得了更大的进展，达成了一致性见解，而这对商务谈判来说非常的重要。如果我们不懂得签约仪式上的礼仪，那么很容易出问题。

签约并不是随随便便就可以签的，它必须遵守着一定的礼仪：

（1）要布置好签字厅

签约时，一般都有专用的签字厅，但也有临时以会议厅、会客厅来代替的。布置签字厅的总原则就是要庄重、整洁、清静。比如在室内要铺满地毯，除了必要的签字用桌椅外，其他的陈设都不需要。正规的签字桌应当为长桌，其上最好铺设深绿色的台布。签字桌应当横放于室内，在其后摆放适量的座椅。

如果双方签署的是双边性合同，可放置两张座椅，供签字人就座。签署多边合同时，可以仅放一张座椅，供各方签字人签字时轮流就座；也可以为每位签字人都提供一张座椅。签字人在就座时，一般应当面对正门。

在签字桌上，应事先安放好待签的合同文本以及签字笔、吸墨器等签字时所用的文具。在与外商签署涉外商务合同时还需在签字桌上插放有关各方的国旗。插放国旗位置与顺序，必须按照礼宾序列而行。例如，签署双边性涉外商务合同时，有关各方的国旗需插放在该方签字人座椅的正前方。

（2）要安排好座次

在正式签署合同时，各方代表对于礼遇均非常在意，因而商务人员对于在签字仪式上最能体现礼遇高低的座次问题，应当认真对待。

签字时各方代表的座次，是由主方代为先期排定的。常规的做法是：在签署双边性合同时，应请客方签字人在签字桌右侧就座，主方签字人则应同时就座于签字桌左侧。双方各自的助签人，应分别站立于各自一方签字人的外侧，以便随时对签字人提供帮助。双方其他的随员，可以按照一定的顺序在己方签字人的正对面就座。也可以依照职位的高低，依次自左至右（客方）或是自右至左（主方）地列成一行，站立于己方签字人的身后。当一行站不完时，可以按照以上顺序并遵照“前高后低”的惯例，排成两行、三行或四行。原则上，双方随员人数应大体上相近。

在签署多边性合同时，各方签字人须依照有关各方事先同意的先后顺序，依次上前签字。他们的助签人应随之一同行动。在助签时，依照“右高左低”的规矩，助签人应站立于签字人的左侧。与此同时，有关各方的随员应按照一定的序列，面对签字桌就座或站立。

（3）预备好签字文本

根据商界的习惯，在正式签署合同之前，应由举行签字仪式的主方负责准备待签合同的正式文本。

负责为签字仪式提供待签合同文本的主方，应会同有关各方一道指定专人，共同负责合同的定稿、校对、印刷与装订。按常规，应为在合同上正式签字的有关各方均提供一份待签的合同文本。必要时，还可再向各方提供一份副本。

签署涉外商务合同时，按照国际惯例，待签的合同文本应同时使用有关各方法定的官方语言，或是使用国际上通行的英文、法文。此外，亦可同时并用有关各方法定的官方语言与英文或法文。使用外文撰写合同时，应反复推敲，字斟句酌，不要望文生义或不解其意而乱用词汇。

待签的合同文本，应以精美的白纸印制而成，按大八开的规格装订成册，并以高档质料如真皮、金属、软木等，作为其封面。

（4）规范好签字人员的服饰

按照规定，签字人、助签人以及随员，在出席签字仪式时，应当穿着具有礼服性质的深色西装套装、中山装套装或西装套裙，并且配以白色衬衫与深色皮鞋。男士还必须系上单色领带，以示正规。

在签字仪式上露面的礼仪人员、接待人员，可以穿自己的工作制服，或是旗袍一类的礼仪性服装。

整个签署合同的高潮是签字仪式，尽管时间不长，但程序规范、庄重而热烈。签字仪式的正式程序一共分为四项：

首先是签字仪式正式开始。有关各方人员进入签字厅，在既定的位次上各就各位。

其次是签字人员正式签署合同文本。通常的做法是，先签署己方保存的合同文本，再接着签署他方保存的合同文本。

每个签字人在由己方保存的合同文本上签字时，按惯例应当名列首位，因此，每个签字人均应首先签署己方保存的合同文本，然后再交由他方签字人签字。这一做法，在礼仪上称为“轮换制”。它的含义是，在位次排列上轮流使有关各方均有机会居于首位一次，以显示机会均等，各方平等。

再次是签字人正式已经有关各方交换正式签署的合同文本。此时，各方签字人应热烈握手，互致祝贺，并相互交换各自一方刚才使用过的签字笔，以作留念。全场人员应鼓掌，表示祝贺。

最后是共饮香槟酒互相道贺。交换已签的合同文本后，有关人员，尤其是签字人当场敬上一杯香槟酒，是国际上通行的用以增添喜庆色彩的做法。

尽管签字仪式不一定非搞不可，但是对于签字本身却必须慎重对待，不可草草收场。任何时候，都不要小看了签约仪式上的礼仪，这代表着企业的形象和个人的礼仪问题，如果我们不郑重对待，那么一旦出了差错，丢脸是小，如果惹恼了对方，那么我们之前所做的一切努力都将白费。

第八天

礼仪训练仅需10天

涉外礼仪，不卑不亢真我表现

1. 一定要维护民族的形象

在国外，一个人给他人的印象不错，就能赢得他人的尊重，其所代表的国家和民族形象也会因此而提升，反之亦然。

——涉外礼仪名言

民族形象是民族文化与精神的一种外化。民族形象不仅是政府的事，也是每一个公民的事。民族形象虽然比较抽象，但可以说每一个中国人都代表了中华民族的形象，从最细微的国民个人的一言一行，到企业、机构等对外经贸往来的一举一动，乃至一件出口商品质量的优劣，都影响着人们对一个民族的形象的认知与评价。

个人的形象与民族的形象是分不开的。在国际上，一个人给他人的印象不错，就能赢得他人的尊重，其所代表的国家和民族形象也会因此而提升，反之亦然。

民族形象是在漫长的历史中逐渐形成的，不能不说是成难毁易。树立一个民族的形象需要历史的沉淀，毁灭形象却只需要几分钟。

树立良好的民族形象，不是装出来的、遮出来的，不是支离破碎的行动，不是一种简单意义上的包装，而是要从根本上，持续长远地增强民族吸引力。只有内铸好品质，方能外树好形象。

随着中国与世界各国交流与合作的不断深入，彼此的友谊也在不断加深，这都让中国的国家形象和民族形象更趋正面。随着中国迅速发展壮大，世界更加关注中国。

相应地，中华儿女们在与世界日益密切的互动中，也需要自觉地展示和提升良好的民族形象。我们只有弘扬传统文化的深厚底蕴，不断丰富民族特色文化内涵，创作出更多的文化杰作，才能让国家和民族的形象更加美好。

从发型、面容、服饰到言谈举止，每个人的这些细节都关乎着一个民族的形象。特别是在2008年北京奥运会上，志愿者们留给国外运动员的印象就代表着中华民族的形象。当时，北京奥运会、残奥会共招募约10万赛会志愿者、40万城市志愿者，还有100万以上的社会志愿者、20万啦啦队志愿者。这些志愿者在不同岗位为来自世界各地的朋友们服务。

对奥运志愿者来说，应该处处注意自己的言行，时刻将国家的形象和荣誉放在心里。奥运志愿者的工作看似零零碎碎，其实只有时刻当一个有心人，把细微琐碎的小事做好，才能给来自不同国家的每一位运动员留下良好的印象。

大大咧咧，随随便便的人不仅不能做好本职工作，还可能有损国家形象和荣誉。认真对待每个细节，例如，不喧哗打闹，不随地丢垃圾，不吸烟等。在洗手间，用水和用手纸都要有节约意识，不能浪费。最关键的是，维护形象特别要强调自觉。自觉是一种发自内心的领悟，有了自觉，就能控制自己的情感，驾驭自己的行为。

尽管中国的国际形象在不断提升，但在不少方面也时有发生一些给国家形象抹黑的事情。比如，出国旅游时，不少中国游客在公共场合大声喧哗、不守秩序、公共场合脱鞋、打赤膊、随地吐痰、抢座位、吃自助餐时浪费食物，等等，导致西方国家一些旅游景点特意用汉语写“请勿随地吐痰”“请勿大声喧哗”“请勿浪费粮食”“请排队遵守秩序”，等等。一旦你出国，中国人出国，个人行为就不是个人行为了，代表了中国的形象。

再比如，有的企业生产的一些质量不过关的产品，甚至是一些假冒伪劣产品，令一些外国顾客失望，等等，这些都影响着我们良好国家形象的进一步提升。

只有展示出一个民族的气质、特征、灵魂才能活生生地把富有内涵的形象展现在国际舞台，民族文化之所以具有超时空的辉煌和令人难以忘怀的巨大魅力，在于其悠久的、博大精深的历史文化。在民族形象的推广上不能只停留在发宣传册、拍宣传片上，必须转变观念，把更多的公关、广告、品牌的概念应用在政府宣传工作中。

中华民族有着五千多年的悠久历史和灿烂文化，56个民族共同体现了中华民族的形象。在民族文化交流日趋频繁，国际竞争日趋激烈的今天，为了各国的良好发展，使自己的国家立于世界先进民族之林，就必须维护和展现优秀的民族形象。为此，每一个中华儿女都必须把民族形象等同于自己的尊严，保持昂扬向上的精神状态，捍卫我们的民族尊严、发展我们的民族文化、保持我们的民族传统，使中国在世界上留下光辉、灿烂的足迹。这是每个中国公民都应有的思想，也是每个人应该负起的责任。

保持优秀的历史文化传统。比如民俗节日、风俗习惯；独有的语言文字、饮食习惯、茶酒文化；特色的服饰建筑、音乐歌舞；流传下来的手艺、图腾文化、传统美德，等等，加以保持和弘扬，都能很好地展现我们民族的形象。只有维护好民族形象，并不断赋予其新的时代内涵，中华民族才能始终保持朝气蓬勃的精神面貌，才能在国际之林拥有良好评价。

2. 不卑不亢，展现自我

不卑不亢，展现自我，是涉外礼仪的关键。

——涉外礼仪名言

在外交活动中，最为关键的一点是既要让对方感受到我们的诚意，又不能做出低人一等的姿态，不卑不亢，展现自我，是涉外礼仪的关键。

不卑，就是不卑躬屈膝，做出一副讨好、巴结的样子，这有损人格；不亢，就是不自傲，不以老大自居。盛气凌人，自视比别人高出一筹，必然会引起别人的反感。只有不卑不亢、充满自信才能赢得尊重。不论在什么场合，不论对方地位高低、资历深浅、条件优劣，都要奉行不卑不亢，热情谦让的原则。

我国素有“礼仪之邦”的美誉，热情好客，彬彬有礼是中华民族的美德。在涉外礼仪中，还体现在从容不迫、不卑不亢。

到位的礼仪，会给外交活动增色不少，而欠妥的礼仪，则会给双方带来尴尬。外交礼仪既代表了国家的形象，又体现了国与国之间的外交关系。那么在涉外礼仪中应该注意什么问题呢?

（1）给对方良好的第一印象

第一印象在外交活动中起着重要的作用。2014年，德国汽车喷漆制造商对中国广州合作工厂进行访问。当德国客人的飞机停靠后，负责接待任务的中方代表举牌欢迎，用熟练的德语对德国客人说：“热烈欢迎阁下首次来到羊城广州，今天天气晴朗，天气也在欢迎您。”德国客人听后兴奋地说：“你是我见到的第一个中国人，用流利的德语和我交谈，我感到很亲切，我十分高兴，这是访问圆满成功的预兆。”短短几句话，立即拉近了双方的距离，德国客人也由刚才的握手改为热情的拥抱。

（2）成为一个好的倾听者

耐心仔细地倾听对方的讲话，尽量让他们讲，我们可以从他们的言谈举止中，观察到我们想要的东西。他们也会因为我们的尊重而更加愿意倾诉。

（3）在无损自身尊严时，尽量站在对方的立场上说话办事

很多人说话据理力争，毫不让步。但这样只会终结和谐的谈话气氛。当我们想说服别人时，站在对方的立场上去说明问题，分析利弊，往往更有说服力。

（4）尽量以肯定的语气与对方谈话

在谈话过程中，对于对方没有建设性的或夸大自己国家优势的显摆之言，不要表现出不屑，而是微笑聆听，并不时点头。对方如有冒犯的言语，如果我们采取强烈的语气反驳容易激怒对方，让对方没面子，谈话就很难继续。应尽量委婉否定对方的观点，外软内硬，给对方留足面子的同时又不失自己的身份，这样对方会更加欣赏你。

（5）语言流利顺畅，微笑自信，回答得体，不乱献殷勤，要答为所问

无论什么时候，渊博的知识、良好的修养、文明的举止、优雅的谈吐、博大的胸怀，以及一颗懂得体恤、善良的心，一定可以让一个人给别人留下良好的印象。

（6）交谈集中在我方优势点上

告诉对方我们的民族传统、风俗习惯，让他们对此产生兴趣。多宣扬我国的一些特色，这也是外国朋友喜欢听，并想了解的。

在现实生活中，有些人之所以在涉外礼仪中频频出错，其中有很大一部分原因就在于他们不自信，在外宾面前表现得过于小心谨慎。要给对方留下深刻的印象有时不需要你的唯唯诺诺，更多的是你要展现真自我，不卑不亢。

总之，跳出这些心理陷阱，正确地看待自己，做到不卑不亢。就会使人们对你产生与众不同的感觉，这样别人才会尊重你，对你刮目相看。

3. 入乡随俗，到什么山唱什么歌

世界是一个舞台，所有的男人、女人不过是一些演员，他们都有上场的时候，也有下场的时候，一个人一生中扮演许多角色。

——法国作家 巴尔扎克

顾名思义，入乡随俗的意思就是到一个地方，就顺从当地的习俗。

涉外交往中，我们尤其不能忽视这一点。之所以再三强调要遵守和尊重地方习俗，是因为任何国际交往都是在特定的时间和特定的地点进行交往的，不同的地理范围和文化环境，造就了人们不同的思想观念，所以一定要尊重对方的地方习俗，不然，也许我们无意的某个举动就会让对方尴尬，或是感到被冒犯，造成不必要的误解。

巴尔扎克在《人间喜剧》里说过："世界是一个舞台，所有的男人、女人不过是一些演员，他们都有上场的时候，也有下场的时候，一个人一生中扮演许多角色。"我们何尝不是生活在这个世界的舞台上？

走到哪，都要善于经营角色，到什么山唱什么歌。什么事情得体与否，都离不开一定的具体环境，一旦离开了特定的环境条件，那意义就完全不同。

举一个简单的例子，一个女人，如果不是怀抱着待哺的婴儿，她就袒胸露乳，那这种举动就十分没有教养；一个人离开了游泳池，还穿着泳装出没在人前背后，大街小巷，一定会被认为是流氓或者是精神病患者。

所以说话办事，都不能忘记得体，要看环境办事，到什么山唱什么歌。古训中就有这样的传统了：入乡随俗。那究竟为什么要入乡随俗？

一则有利于了解当地的民风民俗，实现你远行的意图；二则表示对异乡人民生活习惯的尊重，自己随和，容易融入当地的生活，与人们打成一片；三则不会为别人带来太多的麻烦，也能减少自身的尴尬。

如果我们不了解国际交往中的一些地方习俗，可能就会遇上麻烦。

在中国，很多人愿意节假日加班，因为会得到双份的工资。但在许多欧美国家，在节假日加班是不可能的。比如我们想在星期天的时候去逛商场逛街，那就惨了。因为我们会发现街上很冷清，商店的门几乎全都关着，只有药店除外。

在中国，人们喜欢在节假日走亲访友，登门拜访。但在很多西方国家，人们是不乐意在节假日接待访客的。因为在他们眼里，节假日是自己和家人团聚的日子，是自我休息、放松的私人时间。所以如果不是万分紧急的事，万不可贸然前去拜访，如果节假日到别人家拜访，他们会认为我们不尊重他们，打扰了他们休息，侵占了他们的私人时间。

在日本过年有送毛巾的习惯，这是日本的一个传统年俗。但在地中海沿岸的一些国家和拉丁语系的一些国家，千万不能送手帕。因为送手帕表示诀别，表示这辈子再也不能见面了，手帕就是供对方哭泣的时候擦眼泪用的。

因为有特定的文化背景，所以无所谓谁是谁非，这些就是地方习俗的问题，都有存在的道理。所以，地方习俗是非常重要的，不同地区有不同的习惯，必须要注意。

英语有谚语：到罗马就按罗马人的行为举止去做事。我们中国人说入乡随俗。尽管也许我们不一定喜欢异乡的一切，可既然选择了它，如同选择了爱人，就要接受对方的一切。这样我们在异乡的日子才不会太孤单，才会更好地融入当地的生活，我们的日子才会多些阳光，多些快乐。

4. 真诚守信在任何时候都要坚守

人无信不立。

——孔子

“至圣先师”孔子说过一句话：“人无信不立”。诚信是交往中彼此可以深交的重要前提，无论是在国内还是国外，真诚守信都是不变的真理信条。

诚信是人最美丽的外套，哪怕我们的样子不漂亮，哪怕我们的行为有欠妥当，但一颗真诚的心会弥补这一切不足，如此就可以见得诚信的力量。诚信是心灵最圣洁的鲜花，它能让我们在同陌生人的交往中如鱼得水；诚信是人生航船的楫桨，它掌控着我们人生的去向，让我们在涉外交往中一路平坦。

有时候外交就是要解决问题，此刻真诚显得就更为重要了。真诚就是真心诚意。只有真诚，谈话才不会客套死板，才能实现心与心的交流、情与情的互换。

正所谓，精诚所至，金石为开，真诚是解决各种矛盾和问题的金钥匙。没有真诚，什么也办不好，什么也办不成。只有真诚，才能与外国友人产生情感上的共鸣和相通，才能在心灵深处受到强烈的触动和震撼，才能给外国友人留下好印象。

曾参为守诺言而杀猪的故事，相信大家都听过。对小孩子都得讲诚信，对外国友人更要守信用。因为我们的一言一行，不仅仅是代表了我们一个人的品质，还是我们生活的这个国家、这个民族的一贯品性。所以不要让我们的失信，降低了外国友人对中国人民的信任感和印象评分，要知道，不管在任何时候，真诚的力量都是巨大的。

因为真诚，困难可以迎刃而解；因为真诚，陌生可以变得熟悉；因为真诚，会有许多新的合作产生；因为真诚，甚至可以打动他人，冰释前嫌。

一个人可以不完美，因为人无完人；一个人可以有功利，因为这个社会是现实的；但一个人绝对不可以不真诚，人没有诚信就会坏掉一生的幸福。

诚然，人的观念与个性千差万别，冲突不可避免。但当今的世界是一个合作的世界，只有善于合作的人才能不断获得成功，而不善于合作的人，则容易处处碰壁。在合作交往的过程中，真诚守信，是合作顺利的基础课和必修课。

在一切正式的国际交往之中，都必须认真而严格地遵守自己的所有承诺。说话务必要算数，许诺一定要兑现，约会必须要如约而至。在涉外交往中，要真正做到真诚守信，必须许诺谨慎，对于自己已经做出的约定，务必要认真地加以遵守。万一由于难以抗拒的因素，致使自己单方面失约，或是有约难行，需要尽早告知，如实地解释，并且还要郑重其事地向对方致以歉意，主动地负担因此而给对方所造成的物质方面的损失。

当越来越多的高楼大厦，钢筋围墙将人们隔开后，当越来越多的名利占据了人们的身心后，当人们不断地发觉梦和现实不协调之后，当我们那份如清水的心境再也不能如往昔的时候，人们不得不感叹，这个世界越来越需要真诚。

不仅是在外交上，就是在我们每个人的身边，也同样需要真诚。摘掉虚伪的面具，换上真诚的面孔，当我们以诚相待的时候，别人也会为我们付出真心。

5. 尊重对方的隐私，是交往的关键

别人的隐私，最恰当的处理方式就是烂在肚子里。

——礼仪界名言

在国际交往中，绝大多数外国人对个人隐私非常重视，所以我们要避免谈及别人的隐私话题。那究竟何谓隐私呢？

很多人理解隐私的定义很狭隘，认为所谓的隐私就是见不得人的勾当。其实这样的理解是片面的。所谓隐私，就是一个人不希望别人了解的、纯属于个人的私事。

一个人收入的多少往往体现着这个人能力的大小，不富有的人不愿意说出自己的薪金待遇，以免因比较而内心不好受。

富有的人也不愿意透露，若问他家产多少，房产几套，进货渠道是什么，现金存在什么地方，显然很不合适，他也不想因为自己的财富而招惹一些不必要的麻烦。

问及支出的多少也不合适。比如有几套房子，有没有车，假期到什么地方去玩，等等，都是不妥的问题。因为支出的多少都和个人收入相关联，一旦我们谈到这样的问题，就会导致人与人的“比较”，就难免让人不好开口。

有些问候在中国是合乎礼节的，而在西方却不被采用。比如我们问候一个西方人说“你上哪儿去？”或说“你去哪儿啦？”他会觉得我们是在打听他的私事，会认为这很失礼。西方人希望自己在对方眼中显得年轻，对自己的年龄讳莫如深，尤其是妇女，所以询问年龄是最让人感到尴尬的，也很失

礼。西方人对宗教信仰是严肃的，且有不同的教别，谈论此事要谨慎，不能信口开河。

除此之外，人人都有自尊心，也许我们所问的问题，就是别人不愿意提及的地方，如年龄、婚姻、家庭、身体状况，等等。

但在今天，还是有相当数量的国人对尊重对方的隐私缺少应有的重视。尊重个人隐私涉及一个人是否有教养，对别人是否尊重。外国人普遍认为，要尊重交往对象的个性独立，维护其个人尊严就要尊重其个人隐私，即使是家人、亲戚、朋友之间，也必须相互尊重个人隐私。

中国人在涉外交往中，务必要严格遵守“尊重隐私”这一涉外礼仪的主要原则。要主动地回避和对方讨论涉及对方的或者其他人的隐私问题，不仅对方的隐私我们不要谈，自己的隐私也不要随意谈起，他人的隐私更不能轻论，这显示的是我们自身的教养和风度问题。那为什么要尊重个人隐私呢？

首先，个人隐私纯属个人之事。个人的事与别人无关，别人自然没有必要了解。

其次，个人隐私涉及个人尊严。比如收入的问题，实际上是跟个人能力挂钩的。如果你非要打破砂锅问到底，实际在某种程度上已经伤及了他人的尊严。在政务交往与商务交往中，有些问题涉及一个企业和国家的机密，所以更是不要触碰。

最后，个人隐私是和社会无关的问题。人，是自然人也是社会人，任何一个人都是和社会有关的，都不能离开社会单独存活。从这方面看，和社会有关的事情没有必要遮遮掩掩，也不大可能遮掩得住。但有些事情纯粹是跟社会没有关系的，那就最好不要谈了。就算问到了个人隐私的问题，我们又帮不上忙，说些劝慰的话，只会让别人不自在，让场面徒生尴尬。

在当代国际社会中，尊重隐私与否，实际上是一个社会和人的文明程度问题。在很多西方国家，尊重隐私是公民的一种基本的权利。不予注意，甚至会给自己带来麻烦。

总之，尊重他人的隐私，保护自己的隐私，是现代文明的基本标志，是一种文明人的基本的要求。我们既要尊重他人的隐私，同时又要保护自己的隐私。

6. 女士优先，显示绅士风度

“女士优先”已经成为国际社会公认的一条重要的礼仪原则。

——礼仪界名言

“女士优先”已经成为国际社会公认的一条重要的礼仪原则。“女士优先”就是指在一切社交场合，每一名成年男子都有义务主动、自觉地以实际行动去尊重妇女、照顾妇女、体谅妇女、关心妇女、保护妇女，并且还要想方设法、尽心竭力地去为妇女排忧解难，这才是身为男士应有的风度。

那在和女士接触时，男士应如何显示出绅士风度呢？

（1）注意对女士的称呼

对同年龄的女士必须称呼“某某小姐”或者“某某夫人”，直至熟悉到她叫你的名字为止。对年纪大的女士，即使她叫你的名字，你也必须称呼她的姓氏，除非她特别要求你只称呼她的名字。

（2）不要轻易触碰女士的身体

女士下巴士、经过不平的道路时，为了扶持，某种程度的接触是必要的。一些不必要的接触应该避免，如在普通谈话时，搭肩挽臂是不礼貌的行为，也十分冒失。男子与妇女握手时，只应轻轻握一下妇女的手指部分。男士决不能拉女士的手腕，必要时可把自己的手腕伸出给女士。

（3）不把女士当话题

绅士从来都不会拿别人尤其是女士的事当话题，也不会在他人面前表示怀疑他人的道德。当着其他人的面议论不太熟悉的女士长相如何，穿衣品味，等等，都是不尊敬女士的行为。

（4）避免女士尴尬，主动化解尴尬

在公众场合中不要让女士尴尬。要用适当的声音和女子说话，不要亲昵近乎猥亵地说话，也不要大声呼叫女子的名字。如果女士在马路的另一边时，要走过去追到她身边，轻轻地叫她。

（5）保护女士

男士同女士一起走，不要不断地改变前后位置。行走陡峭的楼梯时，应该走在女士的前面，或者肩并肩地扶住其胳膊以使其安全行走。在街边行走保持和女士一样的步伐，并且应该走在有车的那一侧。

（6）乘坐交通工具时要谦让

乘巴士时，男士要让女士先上，下车时应该先下车，这样你才能帮扶一下女士。乘坐的士时，男士为女士开门后，让女士上车。但是，下车时应先出，帮助女士下车，不要忙于付车费而在女士下车时没有留意到她的需要。乘坐地铁时无论是进或出，男士都应在女士之后。当看到门要关上时，稍微挡扶一下。

（7）就餐时需要注意的

主动为女士开启餐厅的大门，并请女士先进入。之后应该由女士领路进入餐馆的餐桌，并单列跟随。女士进入餐桌时应该站立为其挪动椅子。女士离开或者返回餐桌时，男士应该从椅子上微微起身，直至女士入席或者邀请她坐下为止。如果服务员不在桌边，应该为女士的空杯子添加饮料。主动买单，这是一种潜规则。

（8）严守时间

与女士约会时注意遵守约定的时间。提前五分钟、十分钟还可以，过早就不太合适了。迟到则更加没有礼貌，如果因为不可避免的原因延误时间，就要在电话中把迟到的事预先通知对方，不致影响对方的情绪。

（9）女士优先

男士通常为女士开门，直至她通过才掩上门。遇到回转门时，应该按住门让女士先进去。需要纵队走的场合，男士不需要当向导带路时，要让女士先走。向怀孕的女子或抱婴孩的女子、年老女子、行李多的女子让座。男士们要对所有的妇女都一视同仁，和两个女士一起走，男士和其中一位女士说话时，不要把背脊向着另一位女士，应该同时面向两个女士，为此不要走在两人中间。更不要与个别人谈只有两个人知道的事而冷落第三者。善于聆听对方谈话，不轻易打断别人的发言。谈话时如两人同时开口，应让女士先说。

（10）交谈时应注意的

一般来说，男子不能频繁地参与妇女圈内的议论，也不要与妇女无休止地攀谈而引起旁人的反感侧目。与妇女谈话更要谦让、谨慎，不与之开玩笑，争论问题要有节制。不宜询问妇女的年龄和婚姻状况，不要说对方的身材、健康、收入及私生活方面的话题。不要与妇女开玩笑，在相互交谈时，应目光注视对方，以示专心。对方发言时，不左顾右盼、心不在焉，或注视别处，显出不耐烦的样子，也不要老看手表，或做出伸懒腰、玩东西等漫不经心的动作。

最后，男士不要在公众场合吸烟，在有女士的场合也应尽量不吸烟。有女士在场的时候，把手机电话放到最小音量或者干脆关机。如果女士感觉冷，应该把自己的外套脱下为女士披上。对不认识的女士，也要注意关心。假如女士抱着大包行李从巴士下来，可以适当帮助。周到的男士会在带孩子的女士或老年人上巴士时助一臂之力。

总之女士优先的原则是国际通用的，要想成为人人称赞的绅士，很有必要好好学习这些接待女士时的礼仪。

7. 爱护环境是每一个人的职责

爱护环境是国际交往中的主要原则之一。

——涉外礼仪名言

我们都知道爱护环境人人有责，但你是否知道，爱护环境也是国际交往中的主要原则之一，并且，这一原则也随着环境问题的日趋严重，而越加被重视。

众所周知，就目前而言，我们所知的适合人类居住的星球，有且只有地球一个，它是我们全人类共同的家园。可以说，每个人既是环境的享受者，同时也是加害者。因此，“保护环境，人人有责”绝不是一句空话，而是我们先天的义务和责任。

在第二次世界大战后，社会生产力突飞猛进，机器广泛使用，在为人类创造了大量财富的同时，也因为工业生产排放出了大量废弃物。

大量人工制取的有毒化合物进入大自然，在环境中扩散、迁移、累积和转化，不断地恶化环境、污染环境，严重威胁了人类和其他生物的生存。

在短暂的几十年时间内，工业的发展已把人类带进了一个被毒化了的环境中。这种环境污染所造成的损害是全面、长期、严重的，人类开始认识到保护环境的重要性。自60年代起，在发达工业国家兴起了要求政府采取措施解决环境问题的环境保护运动。

时至今日，爱护环境早已成为了全世界人民的共识。在日常生活里，每一个人都有义务对人类所赖以生存的环境，自觉地加以爱惜和保护。在涉外交往中，之所以要特别地讨论“爱护环境”的问题，除了因为它是作为人所应具备的基本的社会公德之外，还在于在当今国际舞台上，它已经成为舆论备受关注的焦点问题之一。

在涉外交往时，千万不能忽视保护环境的一举一动。随地乱扔垃圾，浪费水资源，会被外国友人鄙视。我们要树立爱护环境的意识，但仅有意识还远远不够，更重要的是要有实际的行动。在涉外交往中要严于自律，特别需要在爱护环境方面注意一些细节问题， 如不毁损自然环境，不乱扔、乱丢废弃物品；不虐待动物；不损坏公物；不乱堆乱挂私人物品；不随地吐痰；不随意吸烟；不任意制造噪声，等等。

8. 以右为尊的规则不能忘记

左右排序是区别尊卑高下的标志之一，普遍实行于各种礼仪之中。

——中国古代礼仪习俗

自我国古代始，就有了严格的等级制度，左右排序是区别尊卑高下的标志之一，普遍实行于各种礼仪之中。人与人之间上下前后左右的不同位置，反映了不同的身份、地位、级别。在中国古时的官场中是以右为尊，官职中的重要职位叫“右职”，如“无能出其右者”的意思就是没有比他职位更高的了。但古时的乘车与吃饭又是以左为尊位。战国时信陵君乘车就“虚左”以示尊敬。

但实际上，在涉外礼仪中，国际惯例是右高左低，即以右为尊，这是国际礼仪的通则。所以中国人不仅要讲中国传统，在国际交往中也要遵守国际礼仪。

在正式的国际社会交往中，如果需要将人们分为左右而进行并排排列时，依照国际礼仪的普遍惯例，应“以右为尊”。即以右为上，以左为下；以右为尊，以左为卑；以右为客，以左为主。大到政治磋商、商务往来、文化交流，小到私人接触、社交应酬，但凡有必要确定并排列具体位置的主次尊卑时，“以右为尊”都是普遍适用的。

拿吃饭来说，泱泱中华礼仪之邦，在饭桌上的座次安排是很有讲究的。客人和老人一般都会坐于上座。在正式的宴会厅内安排桌次时，应遵循以下五大原则，即“面门为上”，“居中为上”，“以右为上”，“以远为上”，“临台为上”。如果只设两桌，一般以右桌为主桌。为了避免届时因外宾坐错了座位而产生不快，隆重的大型宴会可以在各餐台座位前预先摆放座位卡，所发请柬上则标明与宴者的台号，或由司仪导入，或持柬按图索骥、对号入座，这样就不容易出差错了。

所谓“外交无小事”，在宴请外宾时，可千万不要小看了就餐的座次安排这项工作，考虑不周全、座次安排不妥当，轻则会惹得当事人不高兴，重则可能引起国际纠纷。所以在就餐座次上，也要多花些心思，精心安排，以显示作为东道主对外宾的尊重。

在各类国际社会交际中，对出席活动的国家、团体人士的位次按某些规则和惯例进行排列，这种排列的先后次序被称为礼宾次序。礼宾次序作为国际社会交往顺利进行的保证，其总的原则就是“以右为尊”，即一般以右为大、为长、为尊；以左为小、为次、为卑。

第九天

恋爱礼仪，约会有礼浓情蜜意

1. 如果你不够漂亮，那就展示出迷人个性

世界上没有什么东西是比人的个性更为复杂、更丰富的了。

——苏联著名教育实践家和教育理论家：苏霍姆林斯基

苏霍姆林斯基说过：“世界上没有什么东西是比人的个性更为复杂、更丰富的了。”的确，一个有个性的女子，远比一个徒有其表的女子看上去更有味道。即使她并没有美丽的外表来为自己加分，但她身上展现的个性魅力却是无与伦比的。

生活中，不少人对自己的外貌有着深深的自卑感。可外貌是天生的，谁也无法改变。既然已经是无可避免的事实了，那何不试着换个方向去寻找自己另外的闪光点呢？其实只要我们拥有了与众不同的个性，照样能够展示出另一个独特的自我。

何超群长相平凡，属于那种丢进人群，谁也不会多看一眼的女孩，所以恋爱经历少得可怜。但她坚强、独立，大家都说她是工作中的“铁娘子”。

分公司的部门经理很早就听说过她，于是在一次员工聚餐中主动找到她，两人聊得甚为开心。何超群很喜欢经理的幽默，而经理也被何超群有个性的谈吐修养所吸引，两人可以说是一见钟情。

后来两人正式订婚的那天，何超群问未婚夫，究竟喜欢自己什么，毕竟自己并不比其他女孩子漂亮，这么平凡。未婚夫笑笑说：“因为你就像是天上的星星，刚看上去时，的确是没有旁边的月亮那么明亮，但你努力发出的那点微小的光，却更加让人心动。那种微亮的闪烁，比月亮看上去要更加的迷人。”

何超群听后，满脸都是幸福。

世上没有所谓的红颜不老，在悠悠岁月长河中，再美丽的容颜也不过只是风华一刹。诚然，天生丽质在最开始的时候会给人一种很强的吸引力，但是，随着彼此深入的了解，真正能够长时间吸引人的往往还得是个性。

一个女人一旦失去了自己独一无二的个性，那么即便貌美如花，也会变得没有特点，最后只能成为大众眼中最为千篇一律的容颜，就像一壶搁置了很久的茶，让人顿时觉得索然无味。所以，只有活出自我，才能真正让自己得到众人的认可。

不要再做那些只能当摆设，随着时间的流逝而枯萎的花朵了。只有当你真正明白了“零落成泥碾作尘，只有香如故”的那种淡然处境的优雅，你才能够真正活出一个独世的自己。

那么，我们应该怎样做才能提升自己的迷人个性，博得异性的喜爱呢？

（1）找到自己的独特风格

要为自己树立一种适合你的外在条件和你所从事的工作的独特的风格。比如，你的职业是教师，那么端庄稳重、富有爱心就是你应该为自己树立的一种风格。

（2）学会大度容人的气量

这是一个女人塑造自己迷人个性最重要的一条。那些专门找人家的毛病而吹毛求疵的女人，一定不会受人欢迎。所以，你千万不要试图叫别人的行动合乎自己的准则，而要给对方以充分的空间，要让你身旁的人感到轻松自在。

（3）学会淡然的处世态度

一个人的处世态度可以反映一个人的涵养，学会优雅地活，高傲地活，并且试着从生活中发现其他的兴趣，学会关心他人，从他人身上找到美德，对他们的工作和生活表示深切的关心与兴趣，对他们适当地加以赞扬，这样我们才能活得开心、自在。

学做一个有个性的女人吧，试着让我们独特的魅力在他人面前展现。千万别做“速食”美人，因为这些看似表面光鲜却营养全无的“大餐”，随着时间的流逝，只会让人们越来越感到厌倦，甚至反胃。

2. 距离多远最合适

永远拿捏好距离，这个忠告适合任何人际关系。

——礼仪界名言

想必每个人都会有自己想要拥有的东西，但是并不是所有的东西都是一定要时刻拥有的。就像瓷器，太近了，你会克制不住自己想要拥有的冲动；而太远了，你又担心害怕会被别人偷走，这种距离的确是很难让人把握。

其实在人的一生中，有很多值得珍惜的东西，珍惜的人。特别是在恋爱中，一个人一旦喜欢上对方，便很容易偏离自己的小宇宙，完全围绕着他人的行程去转动。或许对方一开始，会很喜欢你对他的依赖，但是时间一长，就会厌烦，开始敷衍你。

因此，即便天天相恋，也切忌天天相见，任何人都是需要自由的，而且每个人都希望有一方自己的私人空间。所以，即使你非常喜欢对方，也要给彼此一点自由活动的空间。

每个人都知道距离才能产生美，心的距离对爱着的双方尤其重要。太近，看清了对方的每一条血脉，每一寸肌肤，就没有美感可言；看清了对方每一个细微的、不适宜的习惯和每一个缺点，就必定有失望，有失望就必然会有伤害，有伤害也许就会失去。

泰戈尔曾经说过：“世界上最远的距离不是我在你身边，你却不知道我爱你。而是两个明明相爱的人，却不能长相厮守在一起。”那么在情感的道路上恋爱的两个人应该保持怎样的距离才算完美呢?

（1）营造距离

生活并不是如我们想象的那般浪漫，任何时候都会有审美疲劳的那么一天，我们也无法保证，自己的感情会不会因为生活上的那些琐事而变质。因此，在不影响彼此感情的基础上保有各自的空间，这才是最好的选择。因为爱情的能量毕竟是有限的，当我们天天想他，天天和他腻在一起的时候，就要为将来的彼此厌烦做好准备。

（2）美学距离

爱情并不是生活的全部，伴侣间的“距离美学”应该是像诗人舒婷所畅想的那样：相爱的男女如同橡树和木棉，大家站在各自的天空里互相欣赏、互相爱慕，但在泥土里，他们的根须却是紧紧相缠的。所以，要控制自己，要学会做两棵独立、各自欣赏的橡树和木棉，这样才能为爱情增添质感和保鲜。

（3）曼妙距离

我们已经处在了成人的圈子里，所以学会让自己独立吧，千万不要因为爱情而失去自我。每个人都应该学会有自己的生活圈，自己的事业，只有当我们适当给彼此一点空间才能让爱情充满氧气。适当的距离是感情的润滑剂，而没有距离的爱情会让人窒息。

在旅途中遇到了相知相惜的那个人时，一定要倍加珍惜，切莫到最后反而成为对方的负担。其实，每个人都渴望能够在属于自己的天空里自由翱翔，给自己和他人一片空间，保持一个适度的距离，那样爱情才能飞翔得更高更远。

3. 约会，男孩万万不可迟到

守时，是对时间的尊重，也是对他人的尊重。

——礼仪界名言

守时是对他人的尊重，所以无论是和谁约会见面，如果没有特殊情况，就一定要准时到达，尤其是对于约会中的男孩来说，守时更是必要的。因为没有一个女孩会去喜欢一个无故迟到，需要自己来等待的男孩，总之约会迟到是非常不尊重对方的一种行为。

也许有的男孩会想："平常都是女友迟到，而我得压抑满腹的牢骚，但为什么我迟到了，还要接受一段唠叨呢？"其实，有的女孩迟到，是为了保持一点矜持，所以故意来迟一点。而作为一名男士，哪怕提前多来一会儿，也不要让女方在风里考虑等待值得与否。

不守时是一种恶习，它不仅会使正常的生活安排被打乱，还会给人际关系带来尴尬。《零售巨头》一书的作者斯坦利·马库斯曾经说过："我一定会准时，因为我的时间很重要，别人的时间也很重要。如果我发现有人不打算持有同样的态度，我就会想办法另找人打交道。"

最近，林晓棠的大舅母给他介绍了一位女孩儿，两人先在微信上联系，几番交谈后，发现双方都还算对脾气，于是约好周末见一面，尝试正儿八经的交往。

没想到，就是这次约会，直接葬送了他们交往的可能。原来，林晓棠平时拖拉惯了，没什么时间观念，与朋友一起出去玩也总是让大家等他。这不，周五的晚上，他还乐滋滋地打游戏打到凌晨三点。结果第二天起晚了，本来约好九点见面，结果他九点才起床。

于是乎，在一番草率的准备后，他急急忙忙出了门。可任他如何努力，到达约会地点时，已经是十点钟了。女方一见到他，就很失望地说："第一次见面，你就迟到，让我怎么放心地和你交往呢？”说完这句话，人家连茶也没喝就直接离开了。

之后，不管他怎么挽回，对方始终不再回应。就这样，原本极有可能成就的一段姻缘，就因为他迟到了一个小时，白白溜走了，让他悔不当初。

因此，不管和谁约会见面，不管约会是我们还是对方提出来的，我们都应当在约定时间前，提前几分钟到达约会地点，这一点很能表现我们的诚意和礼貌，这样做，可以加深对方对我们的好感，有助于事情的顺利进行。

此外，我们比对方早到还有一个好处，我们可以整理一下妆容、着装，先熟悉一下周围的环境，酝酿一下和对方见面的话题，准备越充分，越能顺利达到约会的目的。

有的男孩子本来就喜欢拖拉，没有女孩子的心思细腻，这样性格的人，一定要提早做好准备，在约会之前就给自己预留出更多的时间来，这样才不会因为迟到让女孩空等半天。如果的确迟到了，也不要以工作繁忙、堵车、出门太晚为由迟到，因为这些本来都是可以避免的。因此，我们要明白守时是一种态度，有时因为迟到，可能导致良机错失。

4.女孩不必太主动、太热情

爱情就仿佛是一场天荒地老的追逐，谁先动心，谁就注定了满盘皆输。

——爱情物语

有人说过：“爱情就仿佛是一场天荒地老的追逐，谁先动心，谁就注定了满盘皆输。”女孩都是爱情动物，为了爱做梦一生，但是这梦如果做得太过主动，那么最后就只会化为梦魇不得而终，毕竟在这支由爱情编织而成的美梦中，女孩是需要被宠的。

回归现实，我们往往会在生活中见到一些性格外向的女孩，面对爱情，她们爽朗大方，并且非常主动，但是也正是这种爽朗，往往使得男孩退避三舍。女孩们要明白，男人都需要有征服感，而不是被征服，通常情况下没有一个男人喜欢去被一个女人所掌控。

蒋林玉相貌平平，但在众多朋友中有一个特别的称号——“古灵精怪”。

她对待喜欢的男人，尤其是那些优秀的男人，从来不像有的女孩那般主动投怀送抱，她喜欢假装不在乎他，然后以静引动，就像鱼饵一样，等待他自动上钩。

蒋林玉现在的男朋友是一个事业有成、魅力不凡、气质脱俗的男人。朋友在看到恩爱的两个人后，问她是如何将这么好的男人“套牢”的？

蒋林玉笑道：“其实，我跟他是在一家餐厅认识的，因为我经常会去的那个餐厅，他也常去，所以几次碰面后就熟了。我知道这样优秀的一个人，身边肯定也有很多的女孩子在追他，刚开始说实话我也没太在意。也许就是我不怎么搭理他，他又恰好是个自负的人，所以就暗自跟我较劲起来，没过多长时间，他就突然主动邀请我了，然后慢慢关系就定下来了。”

朋友听完后笑嘻嘻地说道：“怪不得呢，原来你这是欲擒故纵啊。”

自古以来，人们对爱情的定义中就强调女人该保持矜持。因为人们都有一个毛病，那就是对于太容易得到的东西不太在乎，尤其是那些优秀的男人，他们的征服欲往往都很强，如果你过早地被他征服了，他会因为没有挑战性而很快厌倦。

佛曰：“无爱则无痴，无忧，无惧，爱得太投入，难免患得患失。”所以女孩子切记不可让自己投入太多，也切记不要让自己过于主动。因为在很多的男人眼中，“坏”女人总是能比好女人多给他们留下一点遗憾的。对于遗憾，一直都是男人心中一道凄美的风景线。他们大多数不懂得珍惜拥有的，而是信奉得不到的才是最美丽的，失去了的总有几番诗意。所以，让他主动，比你主动要占优势得多。

那么女孩子应该如何表达，才不会过于主动，但是又能借机约到人呢?

（1）把握机会

女孩都会碰到喜欢的男孩，这个时候应该巧妙追求，切莫错过良机。在路上遇见时，我们可以主动与他搭话，但要注意交谈的内容不能太过深入。只要有了这第一次，说不定我们就迈出了恋爱的第一步。任何时候制造话题只是引子，真正的目的是进一步与他结识。

（2）巧妙暗示

也许很多女孩不大适应主动搭讪陌生男孩，这个时候就可以用巧妙的方法暗示他。比如给他送一个神秘的微笑，一副害羞的表情，都会引起异性的注意。如果他领会了我们的用意，就会主动过来接近你，这样我们就能成功了。

（3）借人约人

如果我们已经很熟悉了，但是我们又因为不能过于主动而无法约到他，那么我们就可以借请我们身边的朋友来约他，可以先尝试用比较平淡的试探口吻来说明，如果他大方地说“好啊”，那么我们的约会就可能成功了一半。

（4）欲擒欲纵

当我们面对一个高傲的男人时，切记不能像其他女人一样，对他抛送媚眼，主动搭讪，甚至投怀送抱。我们一定要做得与众不同，那就是无论我们心里多喜欢他，也要假装不在乎他。只有这样，我们才能激发他的斗志，让他对我们越来越在乎。

男人通常都喜欢自己处于主动的地位，如果女人太主动，反而会让男人心生疑虑，认为我们有所企图，或者是我们迫不及待想把自己处理出去。男人害怕掉入陷阱，男人更没兴趣接受一个已被他认定是个处理品的女人。

因此，如果一个女孩要想抓住一个男人，最好的手段就是制造看似自然的偶遇，千万不要主动投怀送抱，要静观态势的发展，好在最佳时间出手制胜。

5. 切勿两手空空赶赴约会

一件精致的小礼物，是拉近两个人关系的小秘诀。

——礼仪界名言

与女孩子约会，男孩子一定要记得稍微带上一份小礼物，因为即便是再无趣的女孩子其实也希望自己约会的对象是个浪漫的人。你的这份礼物不需要有多么贵重，其实就算是一束小花、一颗棒棒糖都绝对会引起女孩子的好感。

女孩子一般都是容易感动的，而感动又恰好是温情开始成功的一半。所以，如果想要成功地获得女孩的芳心，那么男孩就应该摆出该有的绅士风度，这不仅仅是一种礼节，更是一种捕获女孩的技巧。

当然，根据约会对象的不同，也要适当地选择一下礼物，在礼物上稍微下点小“功夫”也是尤为必要的，那么根据约会性质的不同，我们该如何选取礼物呢?

（1）送给刚确定关系的情人

如果对方是你暗恋和心仪已久的对象，而且刚刚确认关系，那么你就应该注意了，这个时候的礼物应该多花费点心思，要选择能够代表自己真心的礼物为佳。当然你应该首先从对方的喜好下手，看看对方喜欢什么，但是不管送什么，记得最后一定要带上一小束鲜花，这是应有的绅士作风。

（2）送给正在热恋中的情人

热恋中的情人最看中爱情的表示，虽然对方也会被一时的热情蒙蔽，对情人送的所有礼物都欣然接受。但能够进一步增进两人感情的礼物是最合适的；时尚款式的情侣对表，可以在任何场合显示你们是一对亲密爱侣。另外如果你想暗示对方可以考虑婚嫁了，那么一枚象征性的戒指也是情人节最好的礼物。

（3）送给不能公开的情人

不能公开？对，就像在职场上，有的公司有明文规定，不允许员工发生办公室恋情。那么这个时候，你们的爱情关系就不能让更多的人来分享。但是如果要让爱神不知鬼不觉地时常萦绕在身边，你可以在约会时送她一瓶情侣香水。别人看似普通的香水，到处都可以买到，你却可以暗中感觉属于你们两人的气息，即使她不在身旁，她的味道仍然让你难以抗拒。

其实，送出礼物是送礼人的一份真心和关怀，无论是大是小，是贵重还是廉价，只要是出自你的真心实意，那么对方就会满心温暖。所以，男孩子一定要明白，约会时，适时地送上一份小礼物会带来巨大的力量。

6. 约会，给女孩子留下一个完美印象

第一印象，基本上占据了你给他人以后的全部印象。

——礼仪界名言

约会，的确是个让人心动而紧张的字眼。毕竟两个人好不容易有一次单独相处的机会，如果弄砸了，那可就不大好了。其实，不管是男孩还是女孩，每一次的赴约，一定要慎重对待。对于女孩子来说，爱打扮是天性，约会就更不用说了。可是，男孩呢？

生活中，有些男孩对于拖沓可能已经习以为常，对于约会也没有任何顾忌。试想一下，在自己心仪的女孩面前，不仅迟到而且还一身脏乱，这样不仅有损你的形象，估计就连现场的美好气氛也会被瞬间破坏掉吧，可想而知，这样的约会能成功吗？

那么，男孩子在约会时，究竟应该怎样做才能给心仪的女孩留下一个完美的印象呢?

（1）保证时间准时

约会时，不要气喘如牛地说：“对不起，堵车！”那么请问你早干什么去了？堵车绝对不是理由，为什么你每天上下班能守时，但约会就不行了呢？所以，千万不要让自己在第一次约会就给女孩子留下一个非常不好的迟到印象。早点出门，收获的结果一定是非常有价值的。

（2）保证外表明朗清爽

可能有很大一部分男孩子对于自身的形象没有过多的要求，他们总会认为这是女孩子应该做的事情。可是和女孩子约会时，总还是要收敛一下我们的随意吧，讲究卫生是对人最起码的尊重。况且洗个澡，精神舒爽，自信心也会增强。保持一个干净舒爽的样子，再加上一个阳光般的微笑。这样的男孩怎么可能会让女孩拒绝呢?

（3）保证时刻口气清新

韭菜、大葱、大蒜这三样就算你再喜欢，约会前也要切记不要吃。因为没有一个女孩子愿意和一个一说话有异味的男孩交谈，况且这种带有刺激性的味道很容易遭到女孩的反感。所以不妨在约会前带一块能够保持清新口气的口香糖，这样才能为你的形象加分。

（4）保证衣服干净整洁

没有人喜欢看一个人衣衫不整，保持一个干净整洁的形象才能让女孩对你的印象好感剧增。另外约会时衣服的颜色，黑色、白色、米色都可以，看个人的喜好，不太抢眼就可以，要甘于做女孩的绿叶，不能太过于张扬。

（5）不要忽略鞋子的重要

有人说，看一个人有什么样的品味，就看他穿什么样的鞋。男孩子在约会的时候，也要注意自己的鞋面问题。有的人擦鞋只擦鞋面，而忽略了皮鞋的细缝。说实话，鞋面越亮，越衬托出鞋缝的脏来。就像是一个美女脸上啥都挺好，就是有道深色的刀疤，非常遗憾。不过美女的脸的遗憾可以理解为遗憾美，但你的鞋可算不上。

想让自己在心仪的女孩面前表现自己的成熟稳重吗？那么不妨照着上面的方式来装扮自己吧，千万别说装扮只是女孩子的事情，如果想要给女孩留下一个美好的约会印象，那么就请你好好地对自己进行一遍“审核”吧。

7. 初次去女方家拜访

足将进而趑趄，口将言而嗫嚅。

——中国古语

第一次去女友家“亮相”，许多人称此为“一大关”。该如何进行交谈，也是很棘手的事。在中国民间称男青年为“未过门的女婿”，所以初登女方家门切勿“足将进而趑趄，口将言而嗫嚅”，以至于过于拘谨、木讷、呆板。毕竟此时女友家一般都会在此时对男方进行“考察”。因此，初次拜访女友家，男方一定要注意自己的一言一行，下面就是男方需要考虑的几点问题。

（1）拜访前的充分准备

初次拜访女友家门，一定要注意自己的个人仪表形象，而且也要预备交谈的心理因素。必须从下面三个方面入题：思绪稳定，自立信心，要知道坚信真诚恳切必受欢迎，矫揉造作必被淘汰。要了解女方家庭具体情况，询问女友，只有了解得越细，心里才有“一本账”，交谈时也能有的放矢。事先准备一下有关话题，登门之前首先考虑一下对方会提些什么问题，例如常常所关心的：家庭、工作、爱好等，这样自己才好“积蓄力量”随时作答。

（2）礼貌用语切记不忘

踏进门后，应先热情真诚地问候女友的家人。如：“您老身体可好？”或“天这么冷，二老要少出门，多多保重呀！”或“早就应该来拜访老人家了，今天真是荣幸，晚辈很高兴见到您！”……在女友介绍家庭成员时，要答以合适的称呼，并点头微笑，以示敬意。这类称呼以女友的称呼相同为好，表示我是他们的亲戚了。

（3）巧引话题制造融洽气氛

初次见面，双方都会感到拘束，寒暄以后，常常冷场。这时，我们最好开口发话，引出话题。例如我们可以借房中任何一物，因为它们往往体现了主人的情趣爱好，能使主人讲出许多愉快的往事来。

另一种方法是恰当地转移话题，见什么说什么，热情地问话，礼貌地点头，专心地听别人讲解，等等。也可聊天，侃天南地北，谈世界风云，还可以一展你的才华。

（4）认真诚实作答

回答女方的长辈提出的问题时，一定要讲述明白，并且态度要恭敬，声音最好柔和一些，语气平缓，吐字清楚，把事情一层层地叙述清楚。许多人认为，答问茫然无知的时候是最尴尬的，会被女友家人耻笑。其实，只要敢于坦率地说“这个事情，我还不知道”或“晚辈见识不广，这事我只有一点印象”，这样，往往被赞为诚实。

在初登女友家门“亮相”时，一定要谨记以上注意事项，千万不要兴致勃勃拜访，灰头土脸狼狈而归。做个聪明的“未过门女婿”就一定要懂得登门拜访其中的奥秘，只有这样，你才会真正一路“过关斩将”最终抱得美人归。

第十天

礼仪训练仅需10天

如何说话对方才愿意听，怎样拒绝对方但又不得罪人

1.求朋友办事，说话也要客气

世事洞明皆学问，人情练达即文章。

——《红楼梦》

《红楼梦》曾有言曰：“世事洞明皆学问，人情练达即文章。”看来，人情世故的练达也是应有一番研究的。不管是亲戚也好，还是朋友也罢，该有的礼节绝不可忽略。即便是最亲近的人，如果你说话的口气随便而且比对方还强硬，也是一种非常不礼貌的行为。

或许有的人认为彼此之间都熟络了，而且也无所谓见外与否。可是，朋友关系的存续很多时候是以相互尊重为前提的，尤其是当我们有事求别人的时候，一定要切记“说话有尺度，交往讲分寸”的道理。不管我们即将请求面对的是谁，都要学会放低姿态，相互尊重。

当有事想请朋友帮忙时，该有的礼貌绝对不能缺失，最起码开口说话要客气，毕竟托人办事是麻烦对方。有的人可能不好意思开口，一方面感觉很为难，另一方面怕遭到拒绝，但是如果掌握了技巧，就会变得容易很多。

任何时候都要学会将心比心地去思考问题。让对方体会到自己真心实意地请求，这样才能更好获得对方的帮助。当对方看见你如此礼貌，而且十分郑重地提出问题时，也会考虑到事情的重要性，自然会加深对事情的考虑，给你提供更多的帮助。

对朋友随便，其实也很容易伤害到对方，为此一定要小心谨慎，遵循该有的礼仪循序渐进，这样彼此之间才能相互理解，相互宽容，这样的友谊才能长久。

下面有几种做法，请大家一定要注意一下，当有求于朋友时，切记不要让自己犯以下的错误。

（1）过于散漫，不拘小节

朋友之间确实应当以自然为宜，但过于散漫，不懂自制，不拘小节，则只会使朋友对你产生轻蔑、反感。毕竟是有求于人，而且发出的请求不是说朋友应该去做的，他也会有考虑的时候，他不是专属为你而服务的。如果你的态度过于散漫，而且毫不忌讳地大咧咧地向朋友“要求”帮助，那么朋友自然就会对你产生厌恶感。

（2）不识时务，斤斤计较

当朋友确实不能够给予适当的帮助时，一定要记得知而退返。切勿不识时务地斤斤计较，这样只会让朋友觉得你没有教养，而且太过难缠。朋友之间不是说任何的利益都能分享的，很多时候，你也要站在对方的位置多想想。不要毫不客气地认为朋友就应该倾注全部的精力来奉献给自己。每个人的前方道路都不相同，朋友只是你生命中一个相携而走的伙伴，因此，要想真正携手走下去，你就一定要多从尊重对方的角度来想问题，切勿一根筋。

（3）乘人不备，强逼应允

或许很多时候我们都曾有这样的经历：当看到朋友有个什么样的好东西时，我们一旦对上了眼也非常渴望拥有。于是，事先也不做请求，不顾朋友愿不愿意，就强行要了过来。如果是这样的话，朋友只会觉得你非常无礼，而且还凶狠霸道。特别是有的人强行将自己的请求压在朋友身上，而且还始终在对方面前强调“好朋友就应该有难同当”。或许有的人表面上不说什么，可是心里已经非常不快，慢慢地，他就会开始疏远你。

2. 如何安慰生病的朋友

感同身受地体谅对方，对方将认同你为知己。

——礼仪界名言

朋友生病了，去探望时，安慰的话该怎么说才好呢？关于如何安慰生病的朋友，很多人似乎都有点不知所措。毕竟安慰的话多了吧，怕朋友多心，如果话少了吧，又显得自己关心不够，这话究竟应该怎么说的确是伤脑筋。

其实，生病的人通常思绪都比较烦躁，而且情绪波动都比较大。如若我们探望时，不注意自己的言辞，那么就会让生病的人的精神“雪上加霜”。为此，安慰病人时，我们一定要注意自己的言行举止，切勿让人觉得语不搭调，更加深病人的胡思乱想。

当一个朋友生病了，你到医院或他家里去看他，你也许会说：“安心地休养一段时间吧，你不久一定会恢复健康的。”可是如若是遇上一些比较严重的病患者，你就需要顾虑更多了，因为这些病患者往往比普通患者更感到寂寞、孤独和愁闷，并且如果双方还是非常好的朋友，你就更加需要在言辞上斟酌一番，因为你的话更容易使对方受影响。

那么该如何做才能够既让对方感觉到你是出自真心的一番关心，又不会胡思乱想，而是更加积极地应对自身的疾病呢？

（1）掌握具体情况，切勿急言相待

有很多病人对于自己的疾病都缺乏信心，而且很多家属对于重要病人的病况通常都有隐瞒，实践证明，采取这类心理措施对那些比较敏感而又缺乏自控能力的病人，具有一定的好处。如果探病者不弄清楚状况，就很容易造成尴尬的情况发生。因此一定要先掌握好病人的病情才能登门拜访，切勿毫无预备而行。还要注意：病人托办的事，要千方百计去完成。在向病人告别时，要传达其他亲友对病人的问候和祝愿，并表示自己以后一定再来看望，使病人满怀希望和信心。

（2）对症下药，积极鼓励

随着医疗条件的发展，对于同种病例的恢复案例可以说是数不胜数，对待一些患者，可以介绍一些同类病例通过治疗得到痊愈的事例给病人听，这样才能够减少和消除病人及其家属的疑虑。另外还应当劝慰病人一定要安心休养，并且积极配合医生的治疗，不应半途而废，这样才会康复得更加迅速。

如果是一些需要隔离治疗的重症病人，这个时候，你可以多在对方的休息时间内给对方打打电话，因为这个时候病人的心理是相当脆弱的，而且内心更加孤独无助，所以需要你给予其更多的关怀。

安慰病人的学问实在不少，其实总结起来，也不过两三点。病人的心理通常都比普通人要弱，他们需要的是体贴的关怀，而我们需要帮助他们修建的则是内心深处那个抵御疾病的堡垒。如果病人始终能够以一种乐观的态度和一种良好的心态去对待疾病的话，你的关怀才真正起到了作用。

（3）报喜不报忧，好话常在前

没有谁生病后还会希望别人老是针对自己的病情来“大做文章”。这样不仅会让人觉得晦气，而且还让旁人觉得你非常不礼貌。所以，当面对病人时，应该尽量多谈一些使病人和家属感到愉快、宽慰的话和事情，避免谈论一些可能刺激到对方或者对方忌讳的话题，这样才能够让病人的精神轻松愉悦，而且还能从你们的真挚话语中体会到真切的期望。例如你可以说：“你今天看起来气色真好，看来恢复得很快，估计用不了多久就出院啦。”也可多讲一些医院外和病情不沾边的内容，以此来分散病人的注意力。当然，你还可以多认真聆听一些病人家属所讲述的关于病人的病情和感觉，以此来接过话题，适时地安慰，从而加强病人战胜疾病的信心。

3. “关心”过度也会造成伤害

言为心声，语为人镜。

——中国谚语

古人说得好：“言为心声，语为人镜。”关心的话语就像是三月里温暖的春风，能够让人心瞬间温暖开来。虽然被人关心是一种幸福，而且关心往往还能够显现一个人最为宽广的胸怀，但是也要明白，凡事都应有个度，过度的关心有时候也会成为一种间接的伤害。

其实，当我们播种善意的种子时，未必每一粒都能收获美好的果实。就像生活中有很多的伤害是因为过度的善意而产生的一样，虽然这种伤害不深，也不尖锐，但是却让人心里很不舒服，而且时间久了，也会在心中烙上疤痕。有这样一则故事：

有一家提供免费布丁的店面，每天都会迎来一位特殊的“客人”。

这是一位老先生，穿着很简朴，但打扮得很整洁。他每天都来品尝各种布丁，还常常对它们的味道发表很独到的评论，只是奇怪的是，他从来不买。

一天，一位小店员动了恻隐之心，以为老先生是出于囊中羞涩，于是主动提出送他一只布丁。结果老先生当场变色，立刻掏出身上所有的钱，买下了店里最贵的布丁，然后正色离去，从此再也没有来过。店员善意的举动，却伤了老先生的自尊。

很多时候，在我们做任何事情之前都应该首先多考虑一下对方的感受，关心是一件好事，但是也要有个度。有时候看似关心的话是一丝拨动别人心弦的微风，如果劲道过猛，就会变成一把利刃，割破别人柔软的内心。

其实任何事情都是过犹不及的，过度地关心他人或者过度地利己都不好。即使关心他人也首先需要自己有一个良好的身心基础，才能付出和给予。一个人如果不懂得照顾好自己的种种需要，那他的身心状况是很容易垮掉的，即使他想照顾别人也是不可能的。

另外，关心他人也要建立在考虑对方的自尊基础之上，很多人犯了一个错误，就是用自己的眼光去看别人，总是因为自己的想法而忽略掉了对方的感受，从而由关心变成了“伤害”，所以任何时候我们都要有效地沟通，适时地换位思考。

每个人都有自己的私人空间和私人领地，即便这个时候别人真的让你感觉到需要帮助，你也一定要学会巧言善解，用其他的方式相同的意义来表达你所期望达到的目的。有的人自尊心本来就很强，如果你不多加注意，就很容易让别人内心受到伤害。

看到这里，有人可能会问：“那么关心究竟是不是一种错呢？”当然不是，在人生困顿的时候能得到别人的鼓励、帮助，几乎是每一个人都希望的，但是如果是过度的关心，而且完全不按照当时的环境和情况就用自己的安抚方式去关心他人，那么产生的效果就很容易跟预期的结果背道而驰。

所以，作为朋友出自善意的热情是每个人都可以理解的，但是必须热情有度，以免引起没有必要的不快发生。你的确是出自一番好意，但是也要照顾到当时的情况和原则，对朋友的关心照料应该是以不使他们觉得受到限制，甚至影响私事和自由为度，比如不要经常利用自己的职务去打探朋友的通话记录，使朋友们因没有一点私密的空间而感到尴尬和不便。

人与人之间始终都是距离有度的，只有这样才能不会让朋友有被侵犯的感觉，所以关心也需要一个距离，给朋友施助的手不要太长，这样才能给对方适当的空间和距离。

4. 永远不要打断别人说话，哪怕对方是你的知己

打断别人，乱插话的人，甚至比发言冗长者更令人生厌。

——英国著名作家、哲学家：培根

培根曾经说过：“打断别人，乱插话的人，甚至比发言冗长者更令人生厌。”由此看来，打断别人说话无疑是一种最无礼的行为。

或许每个人都会情不自禁地想要表达自己的愿望，可是如果我们不去了解讲话人的感受，不分场合与时机，就去打断别人说话或者抢接别人的话头，那么就很容易扰乱他们的思路，从而引起对方的不快，并且产生一些不必要的误会。

有一天，秦少宏正与几个客户谈生意，谈得差不多的时候，他的一位朋友来了。这位朋友刚进门就说：“哇，我刚才在大街上看了一个大热闹……”

接着完全不顾虑是什么场合就说开了。最让人愤怒的是，秦少宏几次示意他有客户在场，不要说了，可他却不管不顾，说得津津有味。最终，客户见谈生意的话题被打乱了，就对秦少宏说：“你先跟你的朋友谈吧，我们改天再来吧。”

说完客户就走了，就因为这位朋友乱插话，搅黄了秦少宏的一笔大生意，害得他险些被公司开除。

随便就打断别人的说话或者中途插话，不管对方是否是你的熟人还是陌生人，都是一种非常有失礼貌的行为，但是这样的陋习却在现在的生活中非常常见。有些人不管在什么场合，“嘴上功夫”都显得颇为“活跃”，并且毫不在意当时谈话人的感受，这种不尊重别人的行为只会让人厌恶。

当我们打断别人说话时，除了对他人不够尊重外，也是在培养自己一颗

自以为是的心，一颗不能体恤他人的心和一颗浮躁之心。这样的情况如果持续的时间一久，对自己的损害将是很大的。因为很多时候，当我们还没弄懂事情原委便急于发表见解，我们发表的看法又未必正确，试想一下，如果我们是急于表达自己的想法，那怎么能够静下心来把事情听清楚或把道理听懂呢。

尤其是在一些宴会上，如果我们突然加入别人的话题，可能会令对方觉得非常不自然。更糟糕的是，如果我们一插进去就开始长篇大论地说起来，别人就会由于我们的加入无法再集中思想，或许他们正在热烈讨论，苦苦思索解决一个难题，正当这个关键时刻，就由于我们的插话，会导致他们想好的解决办法告吹，到后来场面气氛就会转为尴尬，而无法收拾。此时，大家一定会觉得我们没有礼貌，进而都厌恶我们，导致我们最后社交失败。

因此，不管我们处在哪种场合，都应该掌握一些高明的说话技巧，即便是自己真的有话要说，也一定要认准时机和方法，哪怕对方是我们的知己，我们也要做到以下这些方面。

如果对方正在交谈，而我们又有特殊的事情需要找他时，我们可以先给对方一点小的暗示，这个时候交谈者肯定会趁机和我们说话。但我们要注意的是，千万不要静悄悄地就站在他旁边，这样很像是在偷听对方的谈话一样。

比如：我们可以走到对方面前，和对方打个招呼："对不起各位，我这有点小事情需要占用一点时间。"对方这个时候一定会停止交谈，然后我们马上抓住机会尽可能用简洁的语言说明来意，之后尽快离开现场。如果我们想要加入他们的谈话，那么就可以找一个比较合适的机会，向对方提出请求和建议，或者大方客气地向对方打招呼，叫我们的朋友互相介绍一下，就不会再有生疏的感觉了。

如果对方已经是在交谈的过程中了，我们对其中的谈话有了自己的想法，或者我们想补充另一方的谈话，那么我们可以明确地表达自己想参与的意思。这时，我们可以对讲话者说"打扰一下，我想插一句"，或者说"请允许我补充一点"。然后，说出自己的意见。但是切记这样的插话不应该过多，以免扰乱对方的思路，适当有一点，可以活跃谈话的气氛。

即便是在谈话中，我们与对方的谈话确实有了隔阂，并且不同意对方的看法，一般也不要打断他们的谈话。但如果我们之间本身就比较熟络或者问题特别重要，也可以先表示一下态度，等到对方说完后再做详细阐述。但不管分歧有多大，决不能恶语伤人或出言不逊。即使发生了争吵，也不要斥责、讥讽对方，最后还要友好地握手告别。

因此，如果我们想要获得更多好的人缘，要想让别人喜欢我们，接纳我们，就必须要根除随便打断别人说话的陋习，在别人说话时候千万不要插嘴。

5.批评是破坏婚姻的毒药

夫妇睦宜，善法不衰。

——《善生经》

《善生经》中说道："夫妇睦宜，善法不衰。"大意是说，夫妻之间要保持和睦，这样善法才能不衰减。可是许多人在谈恋爱的时候，彼此之间礼貌客气，一旦结了婚，便认为彼此是"自己人"了，不需要客气了，因此，只要对方出现一点点的小差错，就毫不客气地批评起来。

卡耐基先生曾经在自己的书中这样写道："礼貌对婚姻，就像机油对于马达一样重要。"但是真正懂得经营婚姻，能够把礼貌带进婚姻，带进以后的生活中的人又有几个呢？很多人似乎都早已把礼貌丢弃在了恋爱区域之内了。

恋爱的时候，康燕的丈夫李冰就患有胃病，因此那个时候两人约会时，康燕通常都很照顾他，从来不点辣的东西，就怕刺激到李冰的胃。

结婚后的生活实实在在，完全没有了恋爱时的那种甜蜜和心动。有一次，家里来了几位客人，中午吃饭的时候，因为事先知道了客人是川蜀人士，所以康燕就多做了几个辣菜。

结果等到李冰上桌吃饭的时候，因为不知道内情，一看见桌上的菜脸色就很不好看，明明自己有胃病，还做这么多辣菜。于是当着客人的面，把康燕数落了一遍。当时在一旁的客人也非常不好意思，只吃了几口饭，就走了。

事后，李冰才知道原来妻子是专门做给客人吃的，心里不由得有几分愧疚，可是因为自己当时说话太重，康燕好多天都没理会李冰。

事实上，礼貌在我们日后的婚姻生活中占有很重要的位置，一般而言，粗鲁、无礼常常是毁灭爱情果实、毁灭婚姻美好的罪魁祸首。有一句话说得好：“我们往往总是对陌生人客气，对自己人残忍。”这是对爱情和婚姻最大的威胁。

很多时候当我们发现自己最亲近的人犯了错时，哪怕是一丁点微小的错，我们都斤斤计较，而且批评的话不由自主地就说了出来。很多人就是这样慢慢和对方产生隔阂的，他们总是说：“我真不明白他为什么常常为一点鸡毛蒜皮的小事大发脾气？真让人受不了。”

真难以想象，对自己说出那些尖刻、伤感情话的人，往往都是自己亲近的人。我们总是很容易原谅别人，却不肯原谅自己身边的人。大多数人都以为，结婚了彼此的距离就近了，根本不需要什么礼貌了，所以，现实生活中总有那么多的人，常常对着自己身边的亲人发威，却未曾与周围的同事或朋友声色俱厉。

那么我们究竟应该怎样做，才能不让从自己口中吐出的“剑”刺伤他人，不让批评的话语成为破坏婚姻的毒药呢？

（1）尊重为前提，互相了解

为什么有的夫妻也相互批评，但是却不会伤害到彼此呢？其实这就跟彼此之间的性格有关。比如，有很多急性子一旦发起火来，粗暴的语气和可能伴随的肢体语言让人忍受不了。相反，慢性子大多态度和蔼，即便发起了火，可能还会细水长流般地娓娓道出缘由。所以夫妻之间一定要掌握一个火候，即便一方真的犯了错，也要学会克制自己的脾气，这样才不会事后后悔万分，而伤害已经无法弥补。

（2）学会宽容，用包容来代替愤怒

有了正确认识之后，就要学会用宽容之心去主动地容纳对方。这个时候，应该学会从家庭集体出发，不要只顾想着如何批评对方，切忌斤斤计较，夫妻双方应该注意逐步克服自己的不足之处。比如，性子过急的，要用心克服自己的急躁情绪，办事再沉稳一些；性子过慢的，则应办事再注意一下速度。但应该注意的是，千万不要改造对方，而是要尊重对方、帮助对方。这样，夫妻之间才会更加和谐、美满。

在荷兰，有这样一种民俗，当人们进屋时，必须将鞋子摆在门外。换句话说，就是在入家门时，要把一天的不如意全抛置在脑后。是啊，如果每个家庭中，妻子都能够不去理会丈夫有多么不可原谅，坚定地选择体贴及温文而雅的态度；如果丈夫能够理解妻子的唠叨大多数时候都是在关心自己，那么，这样的家庭该是多么美满、快乐和幸福。

其实，谁都想有一个真心真爱、相伴到老的伴侣。但是如果想真正让对方感受到幸福，就应该学会相互尊重，该有的礼节绝对不可少。婚姻需要礼貌，只有当我们学会以礼待人，学会真正的夫妻之道，那么我们的婚姻绝对就会有很大的不同。

6. 别把父母当“老妈子”使唤

夫孝，天之经也，地之义也。

——《孝经》

孝敬父母是我们中华民族的传统美德，并且早在古代，《孝经》中就已经有言："夫孝，天之经也，地之义也。"意思是孝顺本就是天经地义的事情。可是看看如今有些孩子，先不谈孝顺与否，能不找父母的"麻烦"就已经让父母"千恩万谢"了。

在亲人面前，或许我们可以放得很轻松，没有什么顾忌。可是，不是因为你们有了很深的血缘关系，礼节方面便显得多余了。尤其是那些常把父母当"老妈子"使唤的人，你的这种行为只会让别人看轻你，觉得你不尊重父母。

"谁言寸草心，报得三春晖。"对于父母给予我们的爱，我们应该懂得更加无私地回报，绝不能还让父母反过来为我们忙碌。对待父母我们一定要尽到儿女应有的责任，不是说经常在一起习惯了，就可以随便地使唤父母为你做事。

俗话说得好："百善孝为先。"为人子女，首先要对父母有礼。在古代，要求子女对父母的话，必须听从，不得顶撞；子女不能与父母平起平坐，父母或长者入室，子女或晚辈须起立让座；父母在堂屋就餐或说话，子女不能坐正中；父母不问，不能随意插话，俗谚曰："父在前，子不言。"吃饭时，长辈不入座，晚辈不可动筷……虽然这些家庭礼仪烦琐，如今很多都已经不再保留，但是，作为子女，尊敬父母，对父母有礼貌的传统不能丢。

那么我们在生活中，该如何做到孝顺父母，以行父母之礼呢？

（1）天地之大，父母为尊

亲情是一个人善心、爱心和良心的综合表现。但是我们也要懂得"尊老"的礼仪所在。父母的确是我们最为熟悉的人，但是在一个家庭之中，礼仪却绝不可缺少。毕竟父母是尊长，不管在哪里，都应该尊重他们。也许你会说，大家都是一家人，何必拘于礼节，但事实证明，"无礼"的家庭必然战火不断。当然我们也不必像古人那样遵照烦琐的家庭礼仪，但是也绝对不能够抛弃最为起码的礼仪细节。

（2）天地之宽，孝心为上

陈红的《常回家看看》这样唱到："找点空闲，找点时间，领着孩子常回家看看……”父母为子女忙活了大半辈子，到老了唯一的心愿就是和儿女能够团聚，共享天伦。可是，很多时候，子女却并不能意会父母的心愿。

有些子女一旦有了困难，回家找父母帮助可以说比谁都勤快，可是一旦自己的麻烦解决了，便对父母若即若离，总是忙于自己的事情而忽略父母的存在。有句话说得好：“钱永远都是赚不完的，金子也是挖不完的。”而亲情对于我们来讲却是无价的。为人子女，切莫把社会上一些不好的陋习带回家中，父母不是你可以“利用”的对象，他们是你在这个世界上最为亲近的人。

（3）天地之广，“八心”谨记

如果想让父母能够真正开心，那么我们就一定要试着学会做到：经常问候，给父母舒心；少说多做，给父母省心；诚实守信，给父母放心；勤奋上进，给父母开心；虚心好学，给父母称心；宽容豁达，给父母顺心；诚实坦荡，给父母真心；持之以恒，给父母安心。

作为儿女，只有有礼，一家人才能和睦相处，而唯有家和才能“万事兴！”其实父母亲想要的真的不多，他们需要的只是我们的孝心和关爱，希望我们在需要时伸出扶助之手。

7.再熟也不要随便翻看对方的手机、邮件

尊重别人的隐私，这是对对方最大的尊重。

——礼仪界名言

随着科技的发展，人与人交往的方式多了，微信、手机短信和电子邮件已成为必不可少的通信工具。可是有些人也不禁担心起来，那些我们自己所

保存的私人邮件和短信，如果被身边一些好奇心重的朋友看到了怎么办呢？

其实，不管你是对方多么亲密无间的人，也绝对不要随便翻阅别人的手机和邮件，要知道一个人的隐私一旦泄露出去，就会像是计算机被病毒入侵了一样，对当事人有什么样的影响可想而知。所以，我们一定要学会尊重别人的隐私。

姜杰和李芳是同一个公司的职员。两人平常关系非常要好，而且工作上也是很好的搭档。平时上下班两人也几乎都是黏在一起，就连化妆品两人有时候还用相同的。

有一次，姜杰和李芳一起参加公司举行的一个Party，姜杰上完洗手间回来后，看见李芳一面玩手机一面嘀咕着。李芳见姜杰来了后，立刻就收起了手机，一脸笑容地迎了上去，姜杰笑呵呵地问道：“你又跟谁聊呢，这么神秘？”李芳一笑什么都没说。

姜杰对刚才李芳躲避自己发微信特别好奇。毕竟两个人无话不说，看着今天李芳心不在焉的神情，姜杰趁着她去洗手间的时候，打开了李芳的手机，看到内容她大吃一惊，原来李芳已经怀孕两个月了，刚刚的微信是她老公催她早点回家休息。

等到李芳出来后，姜杰笑着说：“李芳，你还瞒我，你都怀孕两个月了，怎么不早说？”李芳听到后，突地脸色大变说道：“你瞎说什么呢。”姜杰说：“我刚才看你手机了。”李芳把手机一把抢过来愤怒地走出去并且说道：“谁让你看我手机的。”原来，李芳这次正好面临内部晋升，而且落在她头上的概率也非常大，如果公司知道她怀孕的事，那结果可想而知。

在职场里，同事在一起共事久了，自然而然，就会拉近彼此之间的距离。而每个人也都会有寻求他人理解的本能。但是我们也要明白，每个人都有其自身的秘密和尊严，我们切勿因为好奇就随便打探别人的隐私，这是极为不尊重别人的一种表现。

很多时候，我们生活中的朋友虽不像职场同事一样有那么多的利益冲突，但有的朋友之间也是不宜“无话不谈”的。特别是在涉及自己隐私的时候，更要慎重。如果你真有非说不可的隐情，你也要先考虑一下，对方是不是值得你倾诉的对象，是不是能够管住自己嘴巴的人。否则你最好还是守住你的隐私，让它永远成为你心里的秘密。

我们要明白，没有人愿意和一个喜欢打听别人隐私的人交往，所以，想赢得他人的尊重，一定要先控制好自己想窥伺他人隐私的好奇心。尤其是不要随意翻看别人藏有秘密的信函、邮件或者手机短信，这些都会涉及别人的隐私。因此，要想获得真正好的友情，那么就一定要切记“洁身自好”。

另外，当事人也应该学会保护好自己的隐私，那么要想锁住自己的隐私，你应该做些什么样的“防守”呢?

收到了对方的短信后，如果是非常重要的，那么请对方直接用打电话的方式，并且尽量避开人多的地方，压低声音。如果不是非常重要的，那么请看到后立刻删除，免得被别人看到造成不必要的误会。

即使是私下里，也不要随便对朋友谈论自己的过去和隐秘思想。有些秘密是不能够随意分享出来的，否则还会让人浮想联翩，产生歧义。另外，不要将包或者一些装有重要东西的物品交给身边不是特别信得过的人。

当我们收取邮件后，邮件会自动保存到邮箱。如果不是重要的，那么请学手机短信一样立刻删除，如果是重要的，可以加上密码锁。在输入密码的时候，一定要切记在没有旁人的情况下进行，一般情况下，最好在家里打开邮件，因为解读有些邮件需要一定的时间。

对付一些特别喜欢打听别人隐私的朋友一定要“有礼有节”，不想说的可以礼貌坚决地说不，对有伤名誉的传言一定要表现出坚决反对的态度，同时注意言语还要有风度。如果回答得巧妙，既不会伤害朋友间的和气，又保护了自己不想谈论的事情。

人都是比较敏感好奇的动物，但是这个好奇一定要有个度。别人的私人空间和秘密禁地我们切莫乱闯，这不仅有失礼貌，而且还非常不尊重别人，试想一下，如果你的手机短信或者其他秘密被人发现，你会有什么样的感受呢?

8.拒绝的话不要太快说出口

拒绝别人时，语言更要注意分寸和礼貌。

——礼仪界名言

如果每个人都能在别人有求于自己时，笑口常开地说“好”，那肯定是再好不过的事情。可是毕竟每个人的能力都有限，尤其是对方的请求确实超出了我们的能力范围之时，我们就不要再过分强求自己，该拒绝的时候还是要懂得拒绝。

或许，很多人会说：“我们之间的关系这么铁，别人有事相求，怎么好意思拒绝啊？”是啊，面对友人真挚恳切的眼神，我们总是难以找到合适的方式加以拒绝，唯恐因为拒绝的方式不恰当而使对方心生不满。其实，拒绝的话根本不难说，只要你掌握了拒绝的艺术。

意大利著名音乐家罗西尼是个很受人尊敬的人，在他七十二岁生日的前一天，他的朋友们告诉他，他们集了两万法郎，准备为他立一座纪念碑。

听到朋友们的建议后，罗西尼原本想立刻给予否决，但转念一想，不好直接拒绝，就灵机一动，笑着说：“哎呀，要不你们把这笔钱直接给我，我自己站在那里就好了。”

朋友们明白了罗西尼的真正意思，大家相视一笑。罗西尼的这种婉转拒绝方式，让朋友们既感受到了快乐，又达到了其本来的目的，还没有伤害朋友的好意。

俗语常说“做人难，人难做”，尤其是在别人对你抱有很大希望的时候，拒绝别人的确是一件让大家费心费脑的事情，因为如果稍不注意，就很可能会成为伤害彼此之间感情的利器。那么我们该如何说，才能既让对方明白你的立场，也能充分保全对方的面子，避免对方心理产生挫折感呢？

其实“拒绝是一种艺术”，能婉转地拒绝才不会伤害情谊。所以下面就为大家提供几点建议，在你拒绝别人要求时可以作为参考。

（1）拒绝不要立刻，语气尽量委婉

即便你十分想推辞，也不要做出非常快的决断，这样别人会认为你根本就不想帮助自己，而且还冷漠无情。当别人向你提出要求时，如果你都不给予对方请求理由和动机的说明时间，那么只会显得你非常没有礼貌。试着学会倾听一下对方的要求和苦衷，然后再给予婉转的真心实意的态度予以说明自己不能承担的原因，这样即便别人遭到了拒绝，也会感动于你的诚恳。

（2）拒绝不要无情，要有帮助的拒绝

当别人在向你提出求助的时候，其实别人心理也是有几分为难的，毕竟谁也不愿意向别人开口求助，或许你的确在某方面帮不了对方，但是你可以选择另外一个可以替代的方法来帮助他。例如虽然帮助的目的达不到，但是你可以尽自己最大的努力来为他提供他达到目的所需要的条件，如此一来，你虽拒绝了他原来的要求，他还是一样会感谢你。

（3）拒绝别太轻易，转变拒绝的方法

当你拒绝别人的要求时，一定不要面部僵硬难看，而且表现得非常不耐烦，这种表情只会让对方觉得你十分讨厌和他相处，而且对他提出的求助很厌恶。一旦形成这样的气氛就只会让彼此难堪，甚至让彼此的关系迅速冷却反目成仇。如果想要拒绝对方，你一定要有智慧地拒绝他原来的要求，设身处地为对方着想。

（4）拒绝不要发怒，要有笑容地拒绝

在盛怒之下拒绝别人的请求，常会因“口不择言”而伤害对方，也让别人觉得你一点同情心都没有；在拒绝的时候，要能面带微笑，并且态度保持庄重，这样才能使对方感到你对他的尊重与礼貌，如此一来，即使被你拒绝，也会欣然接受。

其实，助人为乐本来就是件好事，当你不得不拒绝别人的要求时，如果能够注意我们上面谈到的几点“拒绝艺术”，那么不会让拒绝的气氛遭遇尴尬。

9.在幽默诙谐中轻松说NO

幽默感就是分寸感。

——黎巴嫩画家、诗人：纪伯伦

很多时候，面对一件很不情愿做的事情，我们明明想对对方说“不”，却活生生地把这个字吞到肚子里，回家后却又自责不已、悔不当初。

其实，我们不是不敢向对方SAY“NO”，而是因为我们不想就这样得罪别人。

纪伯伦曾经说过：“幽默感就是分寸感。”的确，一个满含幽默的人不管在哪里似乎都备受欢迎，因为他们总能够为大家带去一种轻松、祥和的气氛。其实，幽默感还是个很好的拒绝他人的方式，它可以在不伤害朋友的前提下，回避那些表面上看起来很尴尬的问题。

我们说“NO”难免会让对方生气，但是既然你真的没有能力去做，那么何必还要死撑到最后，反而一无所成地把大家的时间都耽搁了呢。与其这样答应了别人还做不到，还不如就此表明自己无法做到，这样对方也会从你的立场去考虑。

其实选择拒绝别人，并不是一件十分为难的事情，拒绝代表一种新的开始，是让别人更好地运用这些时间来寻找别的出口。不过，当你拒绝对方的请求时，切记不要咬牙切齿，而应该带着友善的表情来说“不”，并且试着尝试一下幽默的方式。

人们常常说一个幽默的口吻就像是一阵暖风，能够吹入彼此的心坎。如果你觉得拒绝的方式比较尴尬，那么不妨用幽默的方式来营造轻松的气氛，这样都能给彼此一个台阶下，而且还不用造成彼此之间的困扰，失去别人对你的信任。

美国总统罗斯福是一个非常幽默风趣的人，他在海军任职的时候，有一位朋友出于好奇，向他打听有关海军在加勒比海一个小岛上建立潜艇基地的计划。

显而易见，这个问题非常不好回答，毕竟涉及军事机密性问题，作为一个军人是不允许泄露半点的，包括家人和朋友也是如此。但是如果就这么直接拒绝的话只会让自己的朋友尴尬。于是罗斯福向周围看了一眼压低声音说："你能保守秘密吗？"

他朋友答道："当然能。"

罗斯福微笑着说："那我也能。"

罗斯福风趣幽默的话语，既给了朋友一个台阶下，没有让对方产生特别不好的心理印象，同时也坚固了自己的承诺，一下就达到了两全其美的结局。其实用幽默的方式拒绝别人，不仅可以达到拒绝别人的目的，而且还能让对方愉快地接受，这样又何乐而不为呢?

拒绝有很多种技巧，不过在拒绝他人的时候，我们也要注意，如果对方提出的要求非常恳切，而且对你抱有的希望非常大，那么就请你慎重考虑，不要因为不好意思拒绝，而让最后的结果弄得一塌糊涂，这样只会白白浪费对方花在你身上的时间。

所以，当你因为胆怯或者不好意思向别人说出心中的那个"NO"时，就请你转变一种亲切和蔼的方式，让大家在较为轻松的方式下释怀，即便对方当时有一点小小的失望，可是却不会造成很大的不快，还能让当时的气氛更融洽。

10.诚恳说出你拒绝的原因

诚恳地说出你拒绝的原因，这样比自己一个人耿耿于怀到最终都无法解决要强得多。

——礼仪界名言

生活中，大多数人都会由于各种原因而不好意思拒绝别人的一些要求，即便是自己万分为难，可是还是打肿脸装胖子。其实当你感到别人的请求的确让自己为难时，不妨诚恳地说出你拒绝别人的原因，这样比自己一个人耿耿于怀到最终都无法解决要强得多。

一般情况下当别人有求于你时，也会多多考虑你的处境。如果你一直憋着不说，那么别人也无法知道你的为难之处。所以不要害怕拒绝时别人会出现的不快，也不要勉为其难地接受，既然本来自己就不情愿，那么何必再耽搁彼此的时间呢？

张婕和蒋玲玲虽然是同一个公司不同部门的同事，但却是一对好朋友，两个人经常下班后相互约着出去玩。有一次，张婕所在的部门因为要年终检查，导致部门员工全部加班，可是就在下晚班回家的路上，她接到了蒋玲玲的电话，原来蒋玲玲想和她一起去夜市逛逛。

晚上的夜市灯火辉煌，而且小贩小商也很多，但是张婕因为连日的忙碌，今天又刚好加了晚班而感觉非常疲劳，听到蒋玲玲的话后面露拒意，但是想到平日里蒋玲玲和自己情同姐妹，于是拒绝也不是，不拒绝也不是。

张婕思量再三，心想如果自己和蒋玲玲逛街的话，自己这种糟糕的心情肯定还会影响到蒋玲玲。于是她说："噢，玲玲，今天不好意思啦，刚加了夜班，而且身体也不大舒服，刚去药店买了点药，准备回去喝呢。等我好点了，再陪你行吗？"

蒋玲玲听后，虽然心里有点失望，但也还是理解了张婕，愉快地答应了。

为难的事情，即便是当我们应承了下来，结果也不会完美。这样的话，还会让人觉得我们是在敷衍了事，完全没把自己的事情放在心上，尽管我们可能熬了几天夜，赶了几天工，可是这样的努力别人是无法看到的，别人只会针对最后的结果如何。

其实，在我们身边，这种好心办坏事的人不少，而且这些人几乎都是心直口快，常常不顾及自己感受，一副“热心肠”地答应了别人，最后事儿却做得龙头蛇尾。那么在真的让自己感到为难的事情上，我们该怎样做才能诚恳地回绝别人呢?

（1）坦言相告，讲明利害关系

当我们遇到一些比较过分或者无理的要求，而自己并不能给予对方满足时，我们必须坦言相告，如果老是遮遮掩掩，反而会让对方对你心生不满。特别是在生活中我们遇到一些亲近的朋友或者亲属相托时，更要讲清道理，并且陈明利害关系。只有当我们把话挑明了，对方才能真正了解我们的处境，这样才能让事情得到顺利地解决。

（2）积极寻找一些有效措施

只是具体说明不能接受的原因是远远不够的，最重要的是首先必须得说一些表示歉意的话，然后再根据这些话列举一些措施。比如“实在对不起，我再替你想想办法吧，这事放我这里我也不会弄，我害怕给你越弄越糟。”

（3）指明自己的能力范围

如果我们能够承受其中一个小点，那么也不用完全回绝掉人家，只要把那部分让我们为难的事情回绝掉就可以了。例如，我们可以告知对方自己可以为对方做哪些事情，但是有些事情不好亲自出马办好，而且自己也没这个能力，将与自己产生矛盾的事情隔绝在外，这样既帮助了别人，而且也让自己免于为难。

（4）巧借书信和他人之口

如果我们怎样都说不出口，那么不妨借用一下最古老的方式，这样或许更能轻松一点。例如当我们面对朋友、亲属向我们借钱借物等，如果我们觉得当面回绝有点无法开口，则可以借助婉转的文字来表达自己的意思，取得对方的谅解。另外，如果我们面对的是当前的情况，那么我们可以托他人之口，让他作为第三方沟通的桥梁替我们传达意思。

（5）直接回避问题

当对方提出某项事情的请求，我们不能满足，而且已经诚恳地说明了原因，可是对方还是上门“拜访”时，那么这个时候你就可以做果断的裁决——“直接有意识地回避”。因为只有这样才能逐渐减弱对方的请求心理，而且以此打消别人的主动性。

但是大家切记，这一点一定是要在最后已经无法忍受对方的“胡搅蛮缠”时，才能使用的撒手锏，否则就是对别人不尊重的表现。

在交际中，我们要根据具体情况来选择恰当的拒绝方法，这样才能在人际关系中将一些看似棘手的问题妥善处理。

11.拒绝的话不说满，给自己留后路

月满则亏，水满则溢。

——中国俗语

俗话说得好：“月满则亏，水满则溢。”在与人交往的时候，你是不是经常会把拒绝的话说得过于绝对呢？所谓“世事总难全”，世间事总是变幻

多端，我们也会有求于别人的那一天，所以千万不要把话说得太满，一定要记得给自己一条“生”路可走。

人活于世，一定要学会变通。当你要拒绝别人的时候，一定要多想想自己的未来是否也会遇上同样的情况，如果你轻而易举地就拒绝了别人，那么只会让别人觉得你不可深交，而且以后你有求于人时，只会让你吃遍闭门羹。

公司的产品部经理每次在市场评估之前，总会叫上销售部和设计部参与会议，共同讨论。正所谓“初生牛犊不怕虎”，开会的时候，新来的两个员工陈芳和赵梅积极发言，详尽地表达出自己的超前思想，因为两种方案都很好，为此，得到了众领导的一致好评。

两人见到自己的方案得到好评后，都颇有些得意，争前恐后地表示希望公司能够用自己的方案，而且还着重强调指出如果按照她们的方法做一定会成功。

看到她们两位的坚定目光，产品部经理当即表示要陈芳和赵梅一起写一份详细的计划书出来，而且公司也决定着重考虑。此话一出，陈芳和赵梅欣喜若狂。

作为新人的她们能得到领导如此重视，以后的前途可想而知。但让人郁闷的是，在她们两人保证下生产出来的新产品，却在制作的过程中却出现了问题，而且完全是因为方案不足而出现的问题，这令公司上下非常紧张。

事后，当公司处理这个问题的时候，陈芳和赵梅成了众矢之的。最后陈芳和赵梅出于无奈，为当初自己“无比坚定”的承诺付出了沉重的代价，递交了辞职信。

陈芳和赵梅因为不懂得“话不说满”的说话方法，最终留下了话柄。因此，当我们遇到一些自己也无法确定的事情时，千万不要把话说得太满。很多时候，模糊的表态方式其实是一种恰当的方式和语言表达能力的体现。

俗话说得好，“计划赶不上变化”，说的就是我们所无法完全肯定的事实。

此外，说话就和我们做事情一样，一定要给自己留有余地才行。这样才可以为你在一些复杂的、困难的和尴尬的局面中找到解决问题的方法，找到新出路。因此，下次当别人征求你的意见，而我们阐述自己想法的时候，一定要注意“话不说满”。

其实，“话不说满”是一种拒绝别人的最佳方法，因为这样既给对方留了面子，也没让自己为难。我们可以肯定的是，当有人要求你解决或答复问题的时候，他的内心其实一定寄予了我们很深的厚望，并且希望事情能如愿顺利地完成。

但如果我们一开始就拒绝，那么只会让别人失望或悲伤，从而心理上难以平衡。如果我们话不说满，而是模棱两可，那么对方也就会知晓原来我们的能力真的有限，而且他也会再次考虑是否会把这件事情交予我们处理。

遇到别人的请求时，如果说我们真的无法断然拒绝，而且对于别人请求的事情无法拿定主意，那么就赶紧跟别人讲明，而且即便是我们应承下来，中途一旦发生什么事情，都要及时给予对方通知，这样对方才会更加信任我们，而且事情才能更加顺利地完成。

所以，我们一定要明白，在说话的时候，一定要给自己留有一个仔细考虑、慎重决策的余地。否则，君子一言，驷马难追，不仅会给自己的人际关系造成不应有的损失，也会因此影响自己的前途和声誉。

12.该拒绝时就拒绝，客套话也得有个度

当断不断，不断自乱。

——中国谚语

客套话谁都会讲那么两句，可是如若老是顺着别人的话走，就会很危险了。毕竟该拒绝的时候不懂得拒绝，那么只会让事情沿着不好的方向持续发

展下去，不仅到了最后把事情搞砸了不说，还无助于营造出和谐、友好的人际关系。

为此，在人际交往中，我们一定要敢于拒绝，不要因为出于礼节或者太多自责而让自己做出谦让，客套做得太多，而最后无法给别人交差，会让对方觉得你虚假的同时，还会让你的信誉度大打折扣，尽管这只是别人请求你的事情。

很多时候，客套话就像是一副表面绣着金丝的屏障，看似华美，可是放久了也会布满尘埃，盖住华丽的外表，成为一块破布。为此，我们一定要经常拿出来打扫打扫，不要一直都让它挂在那里，这样才能使用得当。

可能有很多人认为满足他人的请求，就能为自己营造出和谐、友好的人际关系，可是并非事事如此。由于不能拒绝而言不由衷地说“是”，事后一方面会为勉强承诺而自陷困扰，另一方面却是满怀厌烦和沮丧地做着，这些厌烦、沮丧反而更加会损害你的人际关系。

下面是交际场上过来人的三种亲身体会：

（1）撇弃言不由衷的客套

人际交往的确应当注重礼貌，尤其是初结识的朋友在请你帮忙时，过度的客气就会显得别人承受了自己过多的恩惠一样。当然如果你是勉为其难，那么最好不要轻易地接受，毕竟你给别人初次办事的信誉度在那里，不管别人如何请求你，你都应该好好地思考一下，自己究竟能不能办，而且可不可以办得好。礼节性的那一套放在劳烦办事的情况上，绝对起不了好的效用。毕竟办事是实事，利益关系重大，不是靠几句客套话就能够顺利完成的。

（2）不要太过于谦让

谦让，是一种好品质。但在社交活动中若谦让太多，常会与很多锻炼机会失之交臂，而且过于谦让只会让自己深陷在人际关系的漩涡中痛苦不堪。

（3）不要太多自责

对自己的拒绝，也不用太过于自责。毕竟自己办不了的事情，即便客套话再多，也还是办不了，还不如快刀斩乱麻，这样既不耽误别人的时间，也为自己下一步的工作争取到了时间。你应该多想想如果不是自己果断地拒绝，别人可能会花费更多的时间，到头来还找不到一个好的结果。与其这样，还不如让请求的那方去寻找更为有能力的人士来解决问题。

吴思是某电视台广告部的业务员，她的表叔开了一家公司经销健身器材。一天表叔找到了吴思，问能不能让吴思在负责的节目中给公司的产品做一下广告，广告费用赠送产品的形式。

吴思非常清楚，这种做法违反台里的规定，于是吴思直截了当地对表叔说："这不行，不付广告费是不能做广告的。台里有明文规定，我没有这么大权力。"吴思的表叔知道了这是台里的规定，也非常理解。

一个时常用客套话来应付别人请求的人，时间一长，只会让别人觉得你虚伪不堪。如此下去，你的朋友就会越来越少，而且你的形象也会变得苍白可怜，不仅容易招致朋友的恼怒，而且还会因为你误了人家的事而让别人对你的信任度降低。

13.面对你不爱的人的追求，善用拒绝不伤害

委婉的拒绝，能拒人千里之外，也能温暖如阳光。

——礼仪界名言

爱能给人温暖，爱也能给人带来幸福。但是假如恰好爱我们的那个人并不是我们的意中人，或者我们一点也不喜欢他，我们可能就不会视这为一种幸福了。尤其是当我们看到对方那种真挚的眼神时，我们可能会一时心软，

不知如何是好。

或许，拒绝与放弃对于很多人来说，都是一件很痛苦的事情。因为不管是面对我们不爱的，还是曾经爱过的但要和我们分手的人，都是一种折磨。其实，面对我们不爱的人的追求时，我们应该学会适时的拒绝，因为既然开始就是一种错误，那么何故让这种错误发展下去呢？

很多时候，也许我们为了顾全对方的面子而难以开口说出拒绝的字眼。可是如果我们不懂得拒绝，那么我们只会被这份多余的爱折磨得痛苦不堪，不知该如何去做。有些人遇到这些情况时不知该如何拒绝，因处理不当，造成了很不好的后果。怎样对爱我们的人说出我们的不爱，并在不伤害对方的情况下，让他接受这个事实呢？

拒绝求爱的方法有多种，但不管用什么样的方法，一定要做到恰到好处。下面就有几点小建议，可供我们参考。

（1）万万不要让误会横生

如果我们已经有了心仪的人，但是中途却又遇求爱者，那么就直接明确地告诉对方，我们已有爱人，请他另选别人，而且一定要表明我们很爱自己的恋人。同时，切忌向求爱者炫耀自己恋人的优点、长处，以免伤害对方自尊心。

（2）用好的态度说明情况

如果我们并不喜欢求爱者，而且根本没有半点心思用在上面，那么就要在尊重对方的基础上婉言谢绝。

对于自尊心较强的男性和羞涩心理较重的女性，适合委婉、间接的拒绝。因为有这类心理的人，往往是克服了极大的心理障碍，鼓足勇气才说出自己的感情，一旦遭到拒绝，很容易感觉受伤害，甚至痛不欲生，或者采取极端的手段，以平衡自己的感情创伤。

因此拒绝他们的爱，态度一定要真诚，言语也要十分小心。我们可以告诉对方我们的感受，让对方明白我们只把对方当朋友，当同事或者当兄妹看待，我们希望我们的关系能保持在这一层面上，我们不愿意伤害对方，也不会对别人说出我们的秘密。

要记住，拒绝别人时千万不要直接指出或攻击对方的缺点或弱点，因为我们觉得是缺点或弱点的东西，对某些人来说也许并不认为是缺点。所以，不能以一种“对方不如自己”的优越感来拒绝对方，特别是一些条件优越的女青年，更不能认为别人求爱是“癞蛤蟆想吃天鹅肉”，一推了之或不屑一顾，态度生硬，让人难以接受。

（3）不同的对象用不同的态度

如果对方是那种道德败坏或违法乱纪的人，那么我们的态度一定要坚决果断。拒绝信要冷淡，对这类人也不必斥责，只需寥寥数语，表明态度即可，但措辞语气要严谨，不使对方产生“尚有余地”的想法。

对嫉妒心理极强的人，态度不必太委婉，可以明确地告诉对方，我们不爱对方，我们和对方没有可能，这样可以防止对方猜忌别人。如果我们另有所爱，最好不让对方知道，否则可能加剧对方的妒恨心理，甚至被激怒而采取极端的报复行为。

另外，对方在我们回绝后，如果还一个劲地缠住我们，那么我们首先要仔细检查一下自己的回绝态度是否明确和坚决，对方是否产生了误解。

14. 高明拒绝上司的艺术

给足上司面子，但也坚持自己的原则。

——职场名言

工作中，每个人几乎都曾碰上过一些让自己棘手的事情，尤其是当上司指派一些任务让我们去处理的时候，我们事先一定要考虑好自己能否胜任，能否有能力去完成，毕竟工作的事情不是生活中的细小琐事。如果我们无法接受上司的委托，那么就要选择适合的方式加以拒绝。

或许有的人认为，拒绝上司是一件很困难的事情，毕竟对方掌握着自己的“生杀大权”怎么可能去拒绝呢？其实拒绝上司，也是要讲究策略的。婉转地拒绝，上司可能会心服口服；如果生硬地拒绝，不仅是对上司的一种不礼貌，还会因此惹怒上司，让我们的饭碗不保。

在现实工作中，面对上司的要求，我们的确发现自己力不能及时，甚至上司给出的工作本身就存在某些问题的时候，我们一定要懂得拒绝。

但是切忌马上拒绝，而应先谢谢他对我们的信任和看重，并表示能有机会做这项工作很高兴，同时也很乐意为他效劳，然后再含蓄地说明自己有爱莫能助的困难。这样，彼此都可以接受，才不至于把事情弄得很不愉快。

当然，如果我们非要勉强接受下来的话，那么结果就只能是敷衍。由于我们没有把全部心思用在接手的工作上，即使任务完成了，也不见得能让上司和自己满意。那么有的人该问了，究竟我要怎样拒绝才能既不让自己难堪，又不失去上司的信任呢?

（1）拒绝理由要合适充分

在任何确定回绝的问题前，都是需要充分理由来做铺垫的，尤其是在工作中，当我们拒绝上司的安排时，一定先要设身处地地表明自己对这项工作的重视以及愿意接受的心情，然后再表现出自己无法接受的遗憾，并且具体地说明自己为什么不能接受，这样有了充足的理由做铺垫，那么我们诚恳的态度才能得到上司的谅解。

（2）拒绝切勿过于直截了当

或许我们在之前已经有了合适充分的理由为我们开脱，但是上司也许仍然会坚持非我们不可。其实这样也是上司对我们能力的一种认可，所以我们不要一味地拒绝。否则，上司可能会认为我们只是在推脱，从而怀疑到我们的工作态度。因此，在以后每次工作中，我们所获取的机会就会慢慢减少，上司对我们的信任度也会大大降低。

（3）找出承接的方法来弥补

如果这的确是公司的一项重大问题，而且还非要我们解决不可，那么我们可以仔细考虑一下，试着用别的方法来弥补。例如：我们可以坐下来和上司一起商量对策，或者向上司推荐另一位能力相当的人，同时表明自己一定会参与探讨，并且随时提建议。这样上司才会认为我们的确是把工作放在了心上，而不是随便敷衍。以后上司有了问题，自然还会找我们商讨，我们也因此博取了上司的理解和信任。

真正地要想拒绝上司，员工还真得费一番“功夫”。虽然拒绝是一件让大家都不会高兴的事情，但是如果我们能够巧妙地化解开来，并且掌握其中的技巧，那么上司自然会从我们的诚恳中谅解我们的不便之处。

15. 推辞也要打一手好“太极”

打好“太极推手”，这是社交高手必备的一门课程。

——礼仪界名言

“太极”是中国的一项武术文化，其一招一式如同行云流水般，虽然来来回回的动作迟缓，似虚似实，但是打出去时却是柔韧有力。这种来回推敲最后却一招胜敌的方式，其实也可以被我们巧借用于生活中去，尤其是当我们遇到一些让双方都勉为其难的事情时，那可就真起了大作用了。

拒绝如果像打“太极”一样，那么不仅难说的话可以巧妙地说了，而且还不会得罪别人，通过虚虚实实的一番“切磋”，对方也会从中悟出我们的真意。这种含糊其辞的敷衍正好可以回避请托人，无疑是一种最好的拒绝方法。

张瑞生是一家报社的员工，因为工作不差，而且头脑灵活，因此在公司最近要评定职称时，张瑞生很想破格晋升到副编辑，但是根据评审的条件，张瑞生的工龄却远远不够。

报社主编得知后，知道张瑞生会来找自己，于是便主动去找了张瑞生商谈，主编说："其实，小卢我们的心情我了解，但是你也知道评审条件不是说上面单方面同意就行的，还必须要所有成员讨论后投票才行。你看我们报社现如今有很多人的情况跟你差不多，如果就此同意了，那别人怎么看呢？但是如果你实在要坚持评定的话，等大家讨论结束后再说吧。你看，现在大家都非常积极踊跃呢。"

其实，敷衍的话就像是拒绝的一种华美艺术，如果我们能够将这项艺术用好，那么我们就能事事顺利，而且还可以避免生活中的许多尴尬。但是我们也要切记，敷衍是长期沉淀下来的一种调和术，如果做得不好，那么别人就很容易看穿我们，而且觉得我们这个人根本就没有把他当回事，从而最终导致关系破裂。

那么我们在拒绝别人的时候，该怎么做，才能恰到好处地把敷衍的话说好呢？其实，敷衍的拒绝方式具体可以分为以下几种。

（1）答非所问

当别人有求于我们，我们也可以适时地装一下糊涂，试着转移话题，给请托人以暗示。例如：如果对方要请我们帮忙，但是请求已经超出了我们的规定范围而且还有损到我们的利益时候，我们可以用一些无关乎话题的事情来推脱，这种方式虽然没有明确的拒绝，但是他也会从谈话中感觉到拒绝的态度，因此对方会自动收回请托。

（2）含糊其辞

含糊拒绝法是面对他人的请托，语气模糊，模棱两可。这样我们即使没有明确地说出来，但是实际上已经给了对方一个含糊不定的概念。对方若是聪明人，一定会听出其中拒绝的含义，也就不强人所难了。

（3）借代推脱

人们都处在一个特定的社会环境中，而且总会遇上各种各样的请求和帮助，但很多时候，我们都心有余而力不足，当面亲口说出非常肯定的拒绝话语，似乎又有些残忍。因此，在不便明言相拒的时候，借代推脱就是一种比较有策略的办法。巧借一种托词，把矛盾的方向引向一边，意思也已经非常明确：不是我不帮忙，而是我的确帮不了。一般人们听到这样的话后，通常都会自觉地打退堂鼓。

其实敷衍式的拒绝法还有很多，就像太极一样变幻莫测，在此我们就不一一列举了，只要我们用心去寻找，我们就会发现生活中暗藏的许多实际可行的方法。